내란,
계엄의 기원

내란, 계엄의 기원
고귀하고 숭고한 질서를 싸워서 지키는 힘

초판 1쇄 발행 2025년 4월 14일

지은이 김정은
펴낸이 장길수
펴낸곳 지식과감성⁰
출판등록 제2012-000081호

주소 서울시 금천구 벚꽃로298 대륭포스트타워6차 1212호
전화 070-4651-3730~4
팩스 070-4325-7006
이메일 ksbookup@naver.com
홈페이지 www.knsbookup.com

ISBN 979-11-392-2529-7(03340)
값 15,900원

- 이 책의 판권은 지은이에게 있습니다.
- 이 책 내용의 전부 또는 일부를 재사용하려면 반드시 지은이의 서면 동의를 받아야 합니다.
- 잘못된 책은 구입하신 곳에서 바꾸어 드립니다.

지식과감성⁰
홈페이지 바로가기

고귀하고 숭고한 질서를 싸워서 지키는 힘

내란, 계엄의 기원

김정은 지음

of martial
rebellion

왜 우리는 오늘 이 책을 선택해 읽어야만 하는가?

**이 책을 읽고 나면 당신은 계엄에 대해
완전히 새로운 시각을 가지게 될 것이다.**

계엄에 대한 우리의 분노는 왜 정당한가?
우리에게 필요한 것은 오직 혼돈과 무질서, 악에 굴복하지 않는 용기다!

도시에서 올라오는 환희의 외침을 실제로 들으며, 리외는 그러한 환희가 여전히 위협받고 있다는 사실을 떠올렸다. 기쁨에 젖어 있는 군중은 모르고 있지만 책에서 확인할 수 있는 사실, 즉 페스트균은 결코 죽거나 소멸되지 않으며, 수십 년 동안 가구나 내복에 잠복해 있고, 방이나 지하실, 트렁크, 손수건, 낡은 서류 속에서 참을성 있게 기다리고 있다는 사실을 그는 알고 있었다. 또한 인간들에게 불행과 교훈을 주기 위해 페스트가 쥐들을 다시 깨우고, 그 쥐들을 어느 행복한 도시로 보내 죽게 할 날이 오리라는 사실도 그는 알고 있었다.

- 『페스트』, 알베르 카뮈, 360~361p

목차

프롤로그 8

1. 역사적 범죄자, 역사적 도피자 24
2. 아무 일도 일어나지 않았다 38
3. 악의 현현 53
4. 내가 정권 잡으면
   거기는 완전히 무사하지 못할 거야! 73
5. 계엄의 추함 92
6. 호수 위에 떠 있는 달그림자 113
7. 이번에 다 잡아들여서 싹 다 정리하라! 126
8. 정치하지 마라! 136
9. 악은 악을 눈감아 준다 146
10. 자기 자신을 탄핵할 용기 165

에필로그 186

프롤로그

좁은 문

악은 바이러스 Virus**다.** 바이러스처럼, 악은 불현듯 나타나 병원균을 감염시키고 혼돈을 일으키며 안정된 질서, '공존'을 위협한다. 어둠과 혼돈이 지속되기를 갈망한다는 점에서 악과 바이러스는 속성이 같다. 둘 다 전파되고 선동함으로써, 불안과 공포를 유발한다. 악과 마찬가지로 바이러스도 단독생활이 불가능하다. — 둘 다 숙주(계속 늘어 가는 숙주)가 필요하다. 둘 다 확산되려 몸부림치고 건강한 숙주 속으로 기어들어 간다.

'질서 체계'란 악을 예방하고 악에 대항하는 백신과 같다. 고귀한 '질서 체계'는 악의 전염병을 퇴치한다. 질서는 폭력의 광기를 걷어 내고 그 자리에 '평온'을 쌓아 올린다. 질서는 '민족정신'이다. 질서만이 공동체를 악으로부터 구원한다.

국가와 민족은 오랜 시간 공유하고 축적된 경험을 통해 질서 체계를 구축했다. 이러한 질서 체계는 헌법과 법률로 집약되어 있다. 문헌으로 압축된, 고도의 질서 체계란 곧 하나의 약속이다. 이 약속은 공존과 상호 신뢰의 바탕이자 최소한이다. 반대로, 약속을 깨뜨리는 행위는 공존, 신뢰를 무너뜨리는 것으로 간주된다. 감옥이란 본질적으로 범죄자들, 즉 약속을 깬 이들의 집합소이다. 감옥은 배신자들을 가둔다.

배신Betrayal은 가장 큰 범죄이다. 인류가 역사란 무대에 처음 등장한 때부터 오늘날까지 이것은 변함없는 진리로 통한다. 자기 자신을 위해서나 공동체를 위해서나 약속을 지키는 것은 이익이 되고 배신은 그 정반대이다. 친일 행위자, 매국 행위자, 일제 부역자는 배신 범죄자들이다. 이들은 타인과 이웃, 민족을 저버리고 인류를 상대로 한 악에 기꺼이 동참했다. 동족 학살, 독재, 조작과 고문, 살인 행위도 마찬가지이다. 모든 배신행위는 악의 뿌리이자, 악의 근원이다.

배신으로 가는 길, 악으로 가는 길은 너무 넓어서 만인에게 열려 있다. 반면, 선으로 가는 길은 늘 좁은 문을 통과해야만 한다. 약속을 지켜야 하고, 타인과 이웃, 민족을 배신하지 말아야 한다. 선으로 향하는 좁은 문은 선과 악을 구분하고, 한 걸음 더 나아가 선을 행하고 악을 멀리하라고 명령한다. 하지 말아야 할 것은 하지 말고, 해야 할 것은 어렵더라도 해야만 한다. 그것이 법이요, 도덕이요, 선으로 향하는 유일한 길이다. 그것만이 질서를 바로 세우고 '공존'을 가능하게 하는 길이다.

악을 내버려두고 방치하면, 악은 끝내 나 자신을 잡아먹는다. 악은 마침내 나를 사망으로 유혹하려는 바이러스이다. 편하고 유혹적이며 쉬운 길, 즉 악의 길로 나아가지 않음으로써 나 자신을 온전히 지킬 수 없다면, 내가 갈 수 있는 곳이라곤 병원과 감옥뿐일 수 있다. 우리는 저마다 혼자 힘으로 서야 하고, 좁은 문을 통과함으로써 자신을 지키고 방어하며 올바른 길로 나아가야만 할 책임이 있다. 이 십자가를 질 때, 평온이 유지되고 질서가 만들어지며 훌륭한 삶이 가능해진다. 선을 실천하되, 악은 싸워서 내쫓고 물리쳐야 한다. 개인도, 민족도 이러한 운명을 거부할 수 없다.

타인과 이웃, 민족, 나 자신을 배신하지 말라! 이는 도덕적 명령이자 동시에 역사적 명령이다. 지금 이 순간 우리가 관용할 수 없는 것, 관용해서는 안 될 것은 배신, 즉 악에 부역하는 행위, 민족을 제물로 바쳐 자기 이익을 꾀하는 일, 학살, 독재, 조작, 고문, 살인 행위 등이다. 계엄은 약속을 깨뜨리고, 오랜 시간 희생을 통해 구축된 평온과 질서를 파괴하는 행위이기 때문에 관용할 수 없다. 계엄은 악이다. 계엄은 민족과 공동체를 잡아먹는 자해 행위이다.

계엄 면허

영국 SAS[1]는 '살인 면허' License to Kill 논란을 낳았다. '살인 면허'란 살인한다고 해도 처벌을 면하게 하겠다는 초법적 허가증이다. 2025년 1월, BBC는 영국 SAS가 살인 혐의를 벗을 수 있는 황금 통행권 Golden Pass을 받았다고 폭로했다. 미국-아프가니스탄 전쟁 당시 이들이 전쟁과 무관한 민간인을 사살, 고문한 사실이 조사를 통해 드러난 것이다.

2024년 12월 3일의 계엄은 '계엄 면허' 논쟁을 불러일으켰다. 아스팔트 극우 세력, 극단주의 세력, 어리석은 군중,

---

[1] 제22 SAS연대(22 Special Air Service Regiment), 통칭 SAS(Special Air Service)는 영국 육군의 최정예 특수작전부대이다.

그리고 일군의 정치인들이 광장에서 '계엄 면허'를 외치고 있다. 이들이 떠벌리는 '고도의 통치 행위', '대통령의 헌법적 권한'이란 말은 '계엄 면허'의 다른 이름이다. 이들은 노상원, 김용현, 여인형 등이 윤석열과 함께 '계엄 면허'를 가지고 있는 것처럼 확신한다.

'계엄 면허'란 '배신 면허'의 동의어이다. 배신 면허를 준다는 것은 가장 큰 범죄, 즉 '내란'과 '외환(죄)$_{Landesverra}$' 허가증을 주겠다는 의미다. 그러므로 '계엄 면허', '배신 면허'란 그 자체로 헌법 파괴, 민족 파괴이다.

배신과 바이러스 모두 가장 엄격하게, 신속하게 진압되어야 한다. 바이러스의 방치, 배신에 대한 상상력을 방치하는 것은 공동체의 존립을 위협한다. 헌법이란 '즉시 명령'하는 것이다. 헌법$_{Constitution}$은 법$_{Law}$ 그 이상이다. 민족이 상상할 수 있는 것 중 최고 수준의 약속, 역사적 명령. 민중이요, 민족정신이다. 헌법을 수호한다는 것은 '즉시 명령'함으로써 악의 확산을 종식시키는 것, 혼돈과 무질서로부터 공동체를 구원한다는 것을 의미한다.

헌법은 최고 수준의 명령, 최고 수준의 약속으로서 더 이상 덧칠하고 윤색할 가능성이 없는 것이다. 그러므로 헌법은 숙고Deliberation의 대상이 아니다. 전염병 차단, 전염병 종식에 대해 숙고한다는 말과 같이, 헌법을 숙고한다는 말은 모순이다. 명령 그 자체가 이미 오랜 숙고의 결과물, 집단 숙고의 집합체, 숙고의 완성이기 때문이다. — 명령과 약속에 대한 숙고란 오직 민중 전체, 민족, 역사만이 하는 것이다.

헌법 선고는 곧 전염병 종식 선언과 같다. 오직 즉시, 단호하게 명령하는 것만이 헌법의 본령이다. 질질 끄는 헌법, 지연되고 지체되는 헌법은 이미 헌법이 아니다. '바로 종식 가능한데 질질 끌며 종식의 시점을 고르는 방역', '여전히 숙고 중인 바이러스 종식 시각'이란 언어도단이다. 즉시 진압 가능한 대형 산불을 두고 진압 여부, 진압의 때를 숙고한다는 말은 언어도단이다. 헌법재판소의 숙고는 역사적 명령에 대한 몰이해, 무능력, 방조, 동조와 무관하지 않다.

'계엄 면허', 즉 '배신 면허'에 동의한다는 것은 언제든 배신할 의지를 받아들이겠다는 뜻이다. 이는 무질서와 혼돈을 방치하겠다는 의미이다. 문제는 이것이다. 대체 우리가

(인류를 향한 가장 큰 범죄인) 배신을 관용할 수 있는가? 배신 범죄를 수용할 수 있는가? 이것은 법적 질문이 아니다. 이는 역사적 질문이다. 선과 악에 관한 모든 쟁점은 어느 경우에도 법이 아니라 역사에 귀속된다. 배신 범죄를 일망타진하기에 법은 너무나 간사하고 무기력하다. 황망하지만, 법정은 배신을 용인하고 배신에 관대하기까지 한 공간이다. 법이 악인을 풀어 주고, 도리어 무고한 이를 가둔 사례는 찾아 보자면 끝을 알 수 없을 정도다. 법의 오류, 법의 무능력 때문에 역사에는 수많은 도피자들이 잠들어 있다. 이들은 법으로부터는 해방되었을지 몰라도 역사적으로는 여전히 수배자들이다.

단언컨대, 완전한 처벌, 완전한 단죄는 법이 아니라 역사적인 문제다. 법의 응징이란 말은 사실상 공상, 환상이다. 범죄의 크기, 범죄의 중대성에 걸맞게 엄중히 응징되는 경우란 현실적으로 불가능에 가깝다. '법은 상식$_{\text{Common sense}}$의 최소한'이란 말은 법이 까마득한 상식의 터 위에 지어진 지극히 '작디작은' 집이란 것을 의미한다. **판사란 드넓은 터, 광활한 땅, 아득한 우주 위에 서 있는 '협소한 거처'이다.** 소명을 가진 판사란 이 작은 거처에 홀로 숨지 않고, 드넓은 우주와 능동적으로 관계 맺는 이다. 터, 땅, 우주와 관계 맺지 못하는 판사란 곧 협소한 집 속의 은둔자에 지나지 않는다.

상식과 도덕, 터, 땅, 우주를 검증할 방법이 없기에, 우린 법률 암기생, 역사에 무지한 판사, '상식 없는' 법률가들을 마주하고 살아야만 한다. 사법 카르텔, 수사와 기소, 재판에 이르는 일련의 처벌 카르텔은 '단죄'라는 역사적 소명을 가졌음에도 법을 범죄자의 도피처로 전락시킨다. 뉘렌베르크 전범 재판소[2]는 나치의 광범위하고도 잔혹하기 이를 데 없는 반인륜 범죄를 일망타진할 수 없었다. 법에 의해 처단된 나치 범죄보다 법이 손조차 대지 못한 나치 범죄가 압도적으로 많다. 법의 그물코, 구멍은 악을 제압하기에 너무 크고 성기다.

역사적 처벌이란 본질적으로 속죄를 의미한다. 가장 준엄하고 결정적인 처벌이란 어느 경우에도 속죄이다. 속죄만이 자신뿐만 아니라 공동체, 민족을 구원한다. 사과, 사죄의 공간이야말로 악에 대한 진정한 법정, 최후의 재판소다. 빌

---

[2] 제2차 세계대전 직후 나치 전범들의 전쟁범죄를 처벌하기 위해 독일 뉘른베르크에서 재판이 진행되었다. 윈스턴 처칠은 악질범에 대해 재판이 아닌 총살을 제안했으나, 미국은 '뉘른베르크 재판'을 관철했다.

리브란트의 속죄[3]는 나치 독일의 범죄를 역사의 문제로 전환시킨다. 빌리 브란트 서독 총리가 1970년 12월, 폴란드의 게토 유대인 추념비에서 폭우 속에 눈물로 참회하며 무릎을 꿇음으로써 나치 범죄의 실상이 만천하에 공포되었다. 속죄는 악을 단죄하고 악을 뿌리째 뽑아 역사의 창고에 영원히 봉인되도록 만든다. 진정한 참회야말로 역사의 가해자와 피해자 사이를 인간적으로 연결하고 양자 간의 참된 화해를 가능하게 이끈다. 도무지 사죄하지 않는 자, 사과할 줄 모르는 자, 속죄 기능을 상실한 자는 도피자, 수배자이다. **이들은 죽어서도 자기가 저지른 죄로 인해 도주해야만 하는 자다.** 역사의 도피자, 역사적 수배자, 이들은 악인이다.

예술가

어떤 사람은 이 책을 열어 보자마자 개탄하며 책을 바닥에 집어 던질지도 모르겠다. 혀를 끌끌 차며 심지어 욕설을 할지도 모르겠다. 나는 그런 이들을 위해서 이 책을 쓰지 않았음을 미리 밝혀 둔다. 또 하나. 좌파다, 우파다 혹은 진보다, 보수다, 친북이다, 반공이다 따위의 이야기를 하는데 매

---

3) 서독 총리 빌리 브란트가 1970년 12월 7일 폴란드 바르샤바 게토의 유대인 추념비에서 무릎을 꿇고 참회한 일을 말한다.

사를 이런 이분법으로 결론 내리는 이들이 제법 있다. 우리가 역사를 통해 경험한바, 이런 이들에게 필요한 것은 논쟁이 아니라 치료이다. 좌우를 막론하고 이러한 이분법, 적대적 이념을 앞세운 독재자들의 시대가 있었다. ─ 앞으로도 있을지 모르겠다. ─ 분명히 말하건대, 이러한 흑백 구분은 문제 해결에 실질적으로 도움을 주지 않을 뿐만 아니라 건전해야 할 논쟁을 구역질 나게 만든다. 이것은 마치 자신이든 타인이든 아주 좁은 새장에 가둬 놓고 출입문을 굳게 봉인한 채 "자, 이제 저 넓은 우주로 나아가자"라고 말하는 꼴과 같다. 그 상태로 대체 어딜 가자는 말인가? 인간은 좁은 새장에서 벗어나 드넓은 지구를 탐험하고 스스로 판단할 능력과 자유를 지녔다. 하지만 이 세상에는 자기 자신과 타인까지도 새장 안에 가두려 하는 이들이 많다. 나는 진실이요, 당신은 적이라는 태도로! 적어도 이 책의 독자들은 나를, 그리고 여러분 스스로를 부디 그런 쓸모없고 아둔하며 치졸하기까지 한 새장에 가두지 마시기를 바란다.

이 우주엔 셀 수 없이 많은 색깔이 존재하나 '예술가'란, 어떤 상황과 목적을 위한 가장 적합한 단 하나의 색깔을 찾는 이다. 작품의 조화와 목적을 이루는 데 필요한 단 한 개의 색! 그렇게 해서 채택된 하나하나의 색깔이 주변의 다른 색과 하모니를 이루어 마침내 걸작이 탄생한다. 우리가 사는 세상은 이런 예술가와 같은 헌신적 부류의 사람을 찾는다. 유능함과 도덕성, 선한 목표를 지닌 영웅, 공동체에 희망과 행복, 아름다움과 기쁨을 선사하는 이들, 곧 소크라테스, 미켈란젤로 부오나로티, 이순신, 루트비히 판 베토벤, 도스토예프스키, 에이브러햄 링컨, 안중근 같은 이를 말이다! 선하고 의로운 목표를 가지고 있고, 이를 위해 자신을 버리며(죽음), 탐욕이나 거짓이라곤 전혀 꿈도 꾸지 않는 이들! 우리에게는 그런 영웅이 필요하다, 악당이 아니라.

혼돈을 극복하고 질서를 바로 세우는 일은 어느 경우에도 옳은 것이다. 내 안의 악을 직시하고 선을 향해 나아가는 태도는 나의 삶을 개선시킨다. 민족의 경우에도 동일하다. 거짓, 은폐, 전면적인 부정은 어떤 경우에도 바람직하지 않다. 만인에 대한 의심, 증오, 적대시는 올바른 태도가 아니다. "모든 것이 고만고만하다!", "모든 정치인은 부패했다!", "영웅도 없고 악인도 없다!" 하는 식의 관점 역시 전혀 유익하지 않다. 현실을 정면으로, 있는 그대로 들여다보려는 태도, 무엇이 옳은지 무엇이 그른지 찾으려는 의지가 필요하다. 보려 하지 않으면 아무것도 볼 수 없다.

이야기

　법학자는 법으로, 경제학자는 돈으로, 정치학자는 정치적 대립으로 사건을 분석하겠지만, 나는 이들과는 다른 관점에서 이 사태를 해석할 것이다. 독자들이 계엄과 내란으로 인해 빚어진 혼돈을 바라보는 데 있어 충분히 가치 있고 유익한 힌트를 제공하리라 생각한다. 계엄은 극우 유튜브 알고리즘 중독자가 문득 망상과 편집증에 빠져 혼자 즉흥적으로 일으킨 게 아니다. 탐욕과 광기, 무지, 권력 욕망에 완전히 삼켜진 집단의 작품이다. 계엄은 본질적으로 역사적 사태이다.

　이 책은 비유하자면, 하나의 이야기다. 현실, 역사, 양심, 진리, 아름다움에 관한 이야기, 더 나아가서는 선$_{Good}$과 악$_{Evil}$, 악마와 영웅에 관한 이야기다. 악마도, 영웅도 (권력을 얻고자) 군중의 지지를 갈구한다. 다만 차이가 있다면 영웅은 진실을 호소하지만 악마는 거짓을 동원해서, 영웅인 듯 연기하고 위장하여 군중을 사로잡으려 한다는 점이리라. 군중은 흔히 이 둘을 모두 영웅이라고 우기거나 모두 악인이라고 단정하고 만다. 우리 모두 원시Hypermetropia를 가졌기 때문이다. 역사도, 현실도 제대로 보려면 원시를 극복해야만 한다. 먼 역사 속 영웅, 악당만이 아니라 지금 우리 곁에 현존하는 영웅, 악당을 볼 수 있어야 한다.

나는 다음의 열 가지 측면에서 계엄 사태, 내란 사태를 분석하고 들여다보았다.

1장 '**역사적 범죄자, 역사적 도피자**'에서는 배신자, 도피자의 관점에서 계엄을 바라본다.
2장 '**아무 일도 일어나지 않았다**'에서는 망각, 망각의 선동, 망각의 언어에 대해 다룬다.
3장 '**악의 현현**'에서는 악, 악인, 무기력과 대비되는 것으로서 인격, 영웅에 관해 이야기한다.
4장 '**내가 정권 잡으면 거기는 완전히 무사하지 못할 거야**'에서는 주인성과 군중을 유혹하는 악인의 매력, 위신 등에 대해 심층적으로 분석했다.
5장 '**계엄의 추함**'은 아름다움과 추함이란 관점에서 계엄을 들여다본다.

6장 '호수 위에 떠 있는 달그림자'는 독재자의 불능에 관해 이야기한다.

7장 '이번에 다 잡아들여서 싹 다 정리하라!'는 악의 평범성, 방조에 대해 심층적으로 분석한다.

8장 '정치하지 마라!'는 자기희생이 있는 권력, 영웅의 권력에 대해 이야기한다.

9장 '악은 악을 눈감아 준다'에서는 관용이 어떻게 악에 용기를 불어넣는지 논증한다.

10장 '자기 자신을 탄핵할 용기'에서는 헌법재판소의 결정 장애, 영웅을 위한 교육을 논한다.

사죄는 가장 강력한 처벌이다. 악(惡)과 결별하고 옳은 길로 나아가는 첫걸음은 어느 경우에도 재판이 아니라 사죄다. 사죄하지 않는 자, 사죄할 줄 모르는 집단은 바이러스다. 사죄가 작동하지 않는 사회는 이미 자기 자신을 잡아먹는 악의 출입문을 연 것이나 다름없다.

혼돈의 때에는 고요가 필요하다. 고요와 침묵 속에서 차분하게 사태를 진단하고, 해법을 찾아야 한다. 문제를 해결하고 무너진 질서를 바로 세워야 한다. 이는 지금 우리 민족이 져야 할 책임이자 의무이다. 이 십자가를 회피하면, 악이 나 자신을 갉아먹고, 공동체 전체를 사망으로 인도할지도 모른다.

어떠한 경우에도, 거짓을 말하지 말라! 진실만을 말하자. 이것이 첫 번째 관문이다. 거짓은 만악의 기원이자, 악마의 속삭임이며 유혹이다. 질서 체계와 평온은 거저 주어지는 선물이 아니다. 일어나 싸우고, 분연히 지켜 내야 한다. 악에 맞서, 무엇이 진정 더 강하고 고결하며 아름다운 것인지 보여 주어야 한다. 이는 영웅의 길이다. 민족정신이며 동시에 역사적인 소명이기도 하다.

2025년 3월, 관악구 서재에서

부정의에 굴복한 수동적인 영혼은 그 혹은 그녀를 과거에 가두고, 과거의 노예로 만들며, 과거의 수렁에 빠뜨린다. 그러나 과거와 무관해지고자 전적으로 과거와 단절하는 것도 터무니없고 위험한 바람이다. 만약 역사적 부정의라는 사실을 마주하지 않는다면, 우리는 희생자의 망령에서 자유로울 수 없고 과거에 가해자가 저지른 잘못을 반복하게 될지도 모른다.

- 『정치적 책임에 관하여』, 아이리스 M. 영, 289p

1. 역사적 범죄자, 역사적 도피자

배신자

둘 사이에 존재하던 신성한 사회적 계약이 깨진 것이다. 친밀한 관계일 때의 평화는 당사자들의 세심한 약속으로 만들어진다. 하지만 그 평화는 약해서 언제든 깨질 수 있다. 행동은 말보다 힘이 세다. 배신이라는 행위는 강력한 힘으로 평화를 파괴한다. 배신당한 사람은 자신과 배신자에 대한 혐오와 경멸, 죄책감과 불안감, 분노와 두려움 같은 끔찍한 감정에 사로잡힌다. 갈등은 피할 수 없고, 때로는 치명적인 결과로 이어지기도 한다. 공유된 신념 체계(동의를 바탕으로 만들어진 행위와 기대의 공유 체계)는 이런 강력한 감정을 통제하고 관리한다. 그리고 그로 인한 갈등과 다툼에서 우리를 구해 줄 무엇인가를 지키기 위해 싸우는 것은 당연하지 않은가.

- 『12가지 인생의 법칙』, 조던 피터슨, 13~14p

황당무계한 계엄이 평온을 깨뜨렸다. 계엄은 굳은 약속을 저버리는 행위이다. **"함부로 계엄을 선포하지 말라! 과거의 독재자들처럼 또 어이없는 계엄을 선포하면 교도소에 간다!"** 이것이 역사적 심판이다. 계엄은 역사와 신의에 대한 배신이다. "나는 헌법을 준수하고…." 대통령은 보통 취임식에서 선서를 하는데 이는 약속의 상징적인 행위이다. 이 약속은 자신을 지지한 이들뿐만이 아니라 공동체 전체와 하는 것이다. 느닷없이 계엄을 선포하고 한밤중에 헬기, 장갑차, 무장 계엄군을 투입하는 이를 어떻게 신뢰하는가? 이 사내가 만약 계엄을 선언할 줄 미리 알았다면, 대통령의 이름이 바뀌었을지도 모른다.

  배신은 예나 지금이나, 개인 간에도, 집단에서도 가장 큰 범죄이다. 배신을 내버려두면, 더 큰 배신, 더 큰 악이 공동체를 무너뜨리려 다가올 것이다. 소중한 것, 고귀하고 숭고한 것, 즉 질서란 연약한 나머지 깨지기 쉽다. 조던 피터슨이 말한 대로, 위협받고 있는 질서 체계를 지키기 위해 맞서 일어나 싸우는 것은 당연한 일이다.

게슈탈트 심리학[4] 권위자인 루돌프 아른하임[5]은 말했다. "인간의 사고의 본질은 시각적 사고이다." 루돌프 아른하임에 따르면, 인간은 패턴을 인식하는 방식으로 세계를 본다. 정보는 늘 불완전한 형태로 주어지는데 우리는 이를 완성된 형태로 바꾸어 바라보는 능력이 있다. 머그 컵을 볼 때 어떤 사람은 이를 커피가 담긴 컵으로 인식하고, 어떤 사람은 우유가 담긴 컵으로 인식한다. 단순한 컵 속에 굳이 내용물을 집어넣어 이미지를 완성하는 것은 나, 각자의 개인, 우리들의 적극적인 의지와 개입과 상상이다.

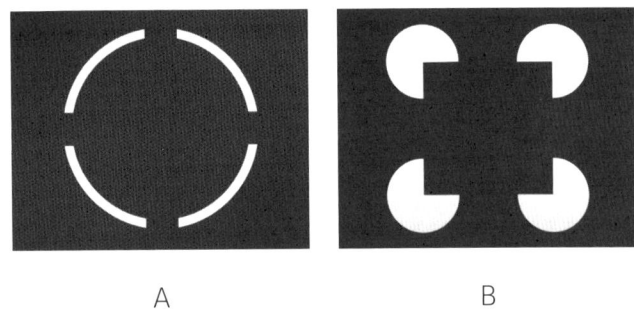

A　　　　　　　　B

---

4) 인간의 정신 현상을 개개 요소의 집합이 아니라 완전한 구조로서 가지고 있는 특질에 중점을 두는 심리학적 입장이다.
5) 독일 태생의 작가, 미술 및 영화이론가이자 심리학자이다. 게슈탈트 심리학의 창시자 중 한 사람인 막스 베르트하이머의 제자이다. 게슈탈트 심리학 보급에 힘썼다.

A는 휘어진 선이 네 개 있을 뿐 원이 아니다. 그러나 우리는 비어 있는 틈을 적극적으로 메워 이것을 완전한 형태의 원으로 해석한다. B에서도 마찬가지로 우리는 마치 한가운데 사각형이 있다고 생각한다. 사물을 볼 때 시각적으로 생각하는 능력, 불완전한 것을 완전한 형태로 바꾸어 바라보는 능력이 작동한 결과이다.

관객은 대상을 적극적으로 해석하고 빈틈을 채우며 완성된 형태로 정보를 바꾸어 받아들인다. 그러니, 계엄이란 사태를 각자 다르게 보는 것이 이상한 현상은 아니다. 계엄에 대한 정보, 증언, 사실의 조각은 불완전한 형태로 우리에게 주어져 있지만 우리들 각자가 이 빈틈을 메우고 상상력을 동원해 계엄을 정의하고 완성된 의미로써 이를 받아들이는 것이다. 그렇다면 다음과 같은 질문이 생긴다. "계엄 사태는 진정 무엇을 의미하는가? 계엄은 대체 왜 일어났는가? 우리는 계엄을 어떻게 받아들여야 하는가?"

상상과 의지로 그림의 빈틈을 메운다는 측면에서, **인간은 맥락의 노예이다.** 같은 대상을 보고 각자 다르게 판단하는 것은 각 개인의 맥락이 다르기 때문이다. 내가 '어떤 맥락에서 생각하는가'는 곧 나의 생각을 결정한다. 성장 환경, 학벌, 동조하는 무리, 인습 등이 인간의 맥락을 형성한다. 민주주의 맥락에서 인간을 바라보는 것과 전체주의 맥락에서 인간을 바라보는 것은 완전히 이질적이다. 따라서, 누구에게나 맥락이 중요한 것이다.

- 대통령은 야당의 입법 독재 때문에 어쩔 수 없이 계엄을 선포했어.
- 계엄은 위헌이고, 불법이야. 헌정질서 파괴이자 대통령으로서의 신임을 배반한 행위야.

 '맥락'은 문제를 산(山)으로 끌고 간다. 맥락은 갈등을 유발한다. 맥락이 혼돈을 초래하는 범인이다. 서로 다른 맥락의 아우성을 방치하면 무질서의 지옥이 펼쳐진다. 역사적 비극은 모두 여기에서 발생했다. 친일도, 독립운동도, 국가에 의한 학살도, 항쟁도, 쿠데타도, 독재도, 계엄도 모두 방치된 맥락의 결과물이다. 이 상태에서는 만인에게 이로운 하나의 체계, 시스템을 창조해 낼 수 없다. '무정부 상태'Anarchy[6]란 야만의 상태, 곧 무질서의 상태다.

---

6) Anarchy란 군주 또는 정부의 부재에 따른 무질서한 상태를 의미한다.

'공존'을 가능하게 하는 질서 체계는 혼돈의 해독제다. 질서 체계는 서로 대립하는 가운데 초래되는 무정부 상태를 퇴치한다. 국가 공동체에서 언제나 가장 중요한 문제는 질서 체계, 즉 '공존'의 공간을 단단하게 유지하고 더 수준 높은 형태로 발전시키는 것이다.

'공존'의 관점에서 계엄은 배신행위이다. 계엄을 용인한다는 것은 우리가, 나아가 우리의 후손들까지 언제든 계엄이 선포되는 환경에서 생존해야 한다는 의미이다. 계엄군이 국회를 봉쇄하고 수거 명단을 쫓아 사살할 수 있는 국가를 만들겠다는 선언이다. 이것이 과연 우리가 바라는 높은 수준의 '공존' 형태인가? 우리의 아이들에게 물려주어야 할 국가가, 질서 체계란 것이 그런 것인가?

악의 우두머리

감동과 영감은 영웅의 전유물이다. 바로 세워지는 질서, '민족정신'이란 언제나 이러한 감정과 경험을 바탕으로 삼는다. 영웅은 자기를 희생함으로써 질서란 것이 대체 어떤 것인지 보여 주고 영감을 불어넣는다. 영웅은 질서의 개척

자다. 감격과 감동, 전율이란 오로지 선(善)을 통해서만 일어난다. 영웅은 이러한 선을 실행한다.

안중근의 말, 안중근의 글, 안중근의 삶은 감격과 감동을 주고 전율을 일으킨다. 안중근은 선(善)의 실행자이다. 영웅이 자아내는 감동은 시간과 장소라는 한계, 제약이 미치지 않는다. 영웅은 필연적으로 무소성[7], 무시간성의 화신이다. 악(惡)은 그 반대다. 악은 감격과 전율을 주지 못한다. 악인은 어리석은 군중, 극우 세력, 무지에만 호소할 뿐이다. 악인은 전체를 전염시키려 호기롭게 나아가지만 그 꿈은 이뤄질 수 없다. 악인은 혼돈에 전염된 이들에게 손을 흔들고 주먹을 불끈 쥐어 보이고 미소를 건네며 혼돈을 선동한다. 악인은 악에 받친 집단, 악이 오를 대로 오른 군중의 우두머리이다.

2025년 3월, 대검찰청의 석방 지휘로 구치소를 나온 윤석열은 기다리고 있던 군중 앞에 나타났다. 이것이야말로 그의 본성, 그의 실체, 그의 참된 모습이다. 1909년 10월

---

[7] 영웅은 특정한 장소에 얽매여 존재하지 않고, 이를 초월한 관념적 존재로 우리에게 인식된다.

26일 오전 9시 30분, 만주의 하얼빈역에서 안중근은 이토 히로부미를 저격하고도 군중을 향해 손을 흔들지 않았다. 민족적 차원의 정당방위를 실현했던 그 장소에는 비장함과 결기만 맴돌았을 뿐이다. 일본 제국에 맞서 새로운 질서를 세우고자 했던 민족의 리더들은 승리에도 손을 흔들지 않았다. 한결같이 비장하고 결기를 잃지 않은 얼굴을 보여 주었을 뿐이다. 악은 가장 참담하고 비참한 순간에조차 환하게 웃으며 손을 흔드는 것이다. 이러한 제스처, 이러한 미소는 무질서와 폭동, 혼돈을 선동하기에 사악하고 추하다. 악의 미소와 손짓에는 계엄으로 초래된 갈등, 공포, 극도의 불신에 대한 숙고가 없다. "구치소는 대통령이 가도 배울 게 많은 곳이다. … 성경을 열심히 읽었다." 그는 자기 손으로 만들어 놓은 참담한 폐허, 어지러운 현실에 무지하다. 그의 말에는 진심 어린 속죄가 없다.

선을 행하는 자는 어떻게든 목적을 이루려 눈에 보이지 않는 티끌까지 그러모은다. 독립운동, 무장 독립 투쟁이란 아무것도 가지지 않은 이들의 처절한 싸움이다. 가난하고 연약하고 이길 가망이 없는 것은 선, 선으로 가는 좁은 문의 본성이다. 선의 참된 의미와 가치는 이러한 고난을 이겨 내기 위한 몸부림, 고군분투에 있다. 악을 행하는 자는 자도 그 악을 행하려 티끌까지 그러모은다. 중앙지법 판사는 9시간 45분을 초과했다는 이유를 들어 윤석열 측의 구속 취소 요구에 손을 들어 주었다. 70여 년간 날 단위로 계산되던 법이 오직 윤석열만을 위해 시간 단위로 계산되어야 한다는 이야기다. 아무도 생각하지 못한 숨은 티끌이 발견되는 순간이었다. 법은 이처럼 터무니없다. 악이 크면 클수록 이를 풀어 주고자 안달하는 법의 괴상망측함도 커진다. 오히려 수렵채집인 시절 호모사피엔스 무리의 판결, 청동기와 신석기 시대 초기 국가의 처벌과 판결도 이처럼 오리무중을 초래하지는 않았을 것이다.

구속 기간이란 날 단위가 아니라 시간 단위로 계산해야 하지 않겠나? 판사의 논리는 그들의 세계(권력자, 법률가들, 검찰, 기득권)에서는 기발하고 환영할 만한 아이디어일지 모르겠다. 무엇이 그렇게 지엽적이고 복잡한가? 뭐가 그렇게 구구절절하고 장황하며 구질구질한가? 동영상 속 인물이 김학의[8]인지 알 수 없기 때문에 무혐의 처분을 할 수밖에 없다는 검찰, 굳이 더하고 빼고 나누기까지 해서

---
8) 전 법무부차관. 별장 성접대 사건 무혐의 처분을 받았다.

98만 원[9](100만 원을 초과하지 않았으므로)이라는 기상천외한 셈법을 창조해 검사들을 풀어 준 검찰은 비루하다.

'동전의 양면'이란 의미심장한 비유다. 법률도, 법률에 대한 비판도 동전의 양면과 같다. '폭동은 국민저항권이다!' 누구라도 그렇게 말할 수는 있다. 그러나 감동과 전율을 주려면 저항이 질서에 부합해야만 한다. 민족정신을 세울 때라야만 아름다운 저항으로 간주된다. 헌법재판소, 공수처 등의 수사기관, 서부지법을 상대로 한 폭력, 폭동, 테러는 질서와, 질서 체계와 무관하다. 이러한 난동은 민족정신과 아무런 관련이 없다. 이들의 폭력은 역사에 대한 깊은 숙고가 결여되어 있다.

도피자

"모든 것이 합력하여 선을 이룬다"[10]라는 성경 구절은 현실 세계에서는 통합, 결속을 의미한다. 즉, 민주주의다. 이는 아름다움에 대한 이야기이기도 하다. 올바르게 세워진

---

9) 현직 검사가 '라임' 김봉현 전 회장으로부터 향응을 수수한 사건. 현직 검사가 수백만 원대의 술 접대를 받았으나 상당수가 불기소 처리되었다.

10) 로마서 8장 28절

질서 체계 아래에서 서로 신뢰하고 선한 목표를 향해 함께 나아가는 것은 아름답다. 이러한 조화, 사회정의란 합력하여 이룬 선으로써 어떠한 추함도 없다. 정치도, 법률도, 결국 아름다움에 기여할 때 그 참된 의미를 실현할 수 있다.

악, 악인, 악행은 추하다. 악은 결코 아름다움을 빚어낼 수 없다. 악은 온갖 종류의 추함, 즉 혼돈을 가져올 뿐이다. 악인은 권력을 쥐면 있는 힘을 다해 질서를 무너뜨리고 가치 체계를 부정한다. 그러므로 악인에게 권력을 주는 것은 가장 어리석고 무책임한 행동이다. 무지하고 나약한 군중은 악에 자기 운명을 맡긴다. 이들은 마지막까지 악의 우두머리를 지키겠다고 나선다.

악인은 태생적으로 도피자다. 그는 자신이 한 일, 자신이 한 말을 부정함으로써 진실로부터 도피하는 자다. 그는 부정의 화신, 부인의 우두머리이다. 그는 책임과 사과에 관한 완전한 무능력자Incompetent이다. 그는 도망가는 데 혈안이 돼 자신이 저지른 결과를 볼 수 없다. 자기 자신의 악함, 무지, 무능력과 수치심 때문에 그가 선택할 수 있는 것은 도피뿐이다. 그는 법으로부터, 역사로부터 도피하고 마지막까지 오직 자기 자신만을 구원하려 항전한다.

　영웅은 역사적으로 희생하는 자를 가리킨다. 영웅은 죽음으로써 자기 자신을 제물로 바친다. 영웅은 자신이 직접 십자가를 짊어지고 공동체를 구원한다. 이들은 민족의 운명을 어깨에 걸머지고, 싸우고, 마침내 승리를 쟁취해 낸다. 안중근은 현실의 재판소에서는 사형당했지만, 역사의 승자가 되었다. 일본 제국은 패망하고 안중근은 역사라는 광활한 장소에 살아남았다. 이러한 영웅의 반대편에 악당, 악인이 있다. 악인은 희생하지 않는 자, 십자가를 질 수 없는 자들이다. 책임을 거부하는 자, 죄를 부인하는 자, 악을 감추는 데 혈안이 된 자이다. 이들은 오직 자기 자신을 구하려 타인을 희생시킨다. 악당은 자기 자신이 아니라 도리어 타인을 제물로 바쳐 자기 자신을 구원하려 드는 자다. 이들은 영웅 행세를 하며 영웅을 모방하지만, 실제로는 영웅을 증오함으로써 자기 스스로 구렁텅이에 빠지게 되는 운명의 소유자다. 악인은 계엄을 선포해 공동체를 지옥으로 내몬다.

　악인은 생물학적으로 바이러스와 유사하다. 숙주 속으로 들어가 역병을 전염시키고, 감염된 숙주의 수를 늘려 감으로써 끝내 파괴, 전멸을 초래한다는 점에서 악은 바이러스와 행위 패턴이 동일하다.

  악이 습관적으로 역사를 왜곡하고 진실을 부정하는 것은 망각 때문이다. 역사란 기억을 명령하는 장소다. 악은 기억이 아니라 망각을 전염시켜 역사적 장소를 폐허로 만든다. 역사를 바로 세운다는 말은 어질러진 공간을 깨끗이 치우고, 거기에 기억의 집, 올바른 질서를 구축한다는 의미이다. 그렇기 때문에 역사는 질서와 동의어다. 영웅은 질서를 바로 세우지만, 악인은 질서를 허물고 그 자리에 혼돈을 가져온다.

  악인은 필연적으로 역사적 범죄자들이다. 이들은 역사의 공간을 어지럽히고 가치 체계, 국가 시스템을 붕괴시킨다. 무리를 형성해 법원을 부수고, 판사를 협박한다. 헌법재판소를 폭파시키겠다는 말은 곧 질서에 대한 테러, 가치 체계에 대한 위협이다. 이러한 폭동, 파괴 행위는 역사에 대한 테러이다.

이러한 현상의 우스꽝스러운 사례로 우리는 박수부대를 떠올려 볼 수 있을 것이다. ... 박수부대의 활약은 우리가 다른 사람의 행동을 모방하기 때문에 가능한 것이었다. 박수부대로 활동하는 사람들 역시 사람들이 서로 어떻게 연결되어 있다는 것이 얼마나 중요한지 잘 이해하고 있었다. 하품을 하건, 웃건, 연기를 보며 환호하건, 우리는 다른 이들을 모방하는 경향이 있다. 이런 반응은 우리 내면의 깊숙한 연결에서부터 솟구쳐 나온다. 그렇게 우리는 연결되어 있기에, 연쇄 반응로 빨려들고 마는 것이다.

- 『집단 착각』, 토드 로즈, 65~66p

2. 아무 일도 일어나지 않았다

악의 세습

> 한 국가의 국민은 자기가 속한 민족의 고유한 정신에 큰 영향을 받는다. 다시 말해, 조상 대대로 내려오며 쌓인 잔재들의 합이 곧 민족정신이므로 그 잔재들이 국민을 이끌고 간다. … 이런 것들이 우리의 운명을 지배하는 불가사의한 지배자들이다.
> – 『군중심리』, 귀스타브 르 봉, 222~223p

모든 악 Evil**은 '최초의 악'의 자손이다.** 오늘의 악은 어제의 악의 형제다. 그러므로 악에 대한 단죄는 늘 법률보다 역사의 문제다. 법은 엉성하고 성기게 짜인 그물이다. 그러나 역사는 모든 것을 담는 우주다. 법에는 오류가 있으나 역사는 그러한 법의 오류를 만인에게 공포하고 경고한다. 그런 측면에서, 역사는 계시적Revelatory이다. 선(善)과 의(義)를 올바로 세우는 일도 본질적으로 법적인 문제가 아니라 역사적인 문제다. 범죄는 (큰 범죄일수록) 법망을 가볍게 빠져나가지만, 이러한 범죄가 역사로부터 도피하는 것은 불가능하다.

역사의 쓸모 중 한 가지는 영웅을 기억하고 기리는 데 있다. 영웅의 이야기는 민족정신을 일깨운다. **역사는 현재의 불가사의한 지배자로서, 우리의 운명에 지대한 영향을 미친다.** 그러나 선이 역사를 통해 상속되듯이 악도 역사를 통해 상속된다. 오늘 등장한 모든 악당Villain은 악의 세습자들이다. 이들은 지긋지긋하게 살아서 우리를 미혹하고 악을 사방에 전염시킨다.

악은 필연적으로 나약하다. 악은 저 홀로 설 수 없다. 악이 타인을 향해 뻗쳐 나갈 때 선에 의지하는 것(선을 가장하는 것)은 우연이 아니다. 악은 더 멀리 뻗어 가기 위해, 더 강하게 내뻗치기 위해 선(선을 가장한 것)을 필요로 한다. 선은 악을 필요로 하지 않지만, 악은 선을 가장하고, 위장한다. 온갖 악행은 선으로 포장되어 그 어두운 본성을 감춘다. 1910년 8월, 일본제국은 대한제국을 강제 병합(한일병합조약[11])하면서 '양국의 행복 증진'과 '동양 평화'를 내세

---

11) 1910년 일본이 대한제국을 식민지로 만들기 위해 강제로 체결한 조약이다. 경술국치조약 또는 일제병탄조약이라고도 한다.

웠다. 유례를 찾아 보기 힘든 살육과 학살, 반인간적 범죄 행위, 전쟁, 침략 행위는 결단코 행복과 평화로 나아갈 수 없다. 일제의 말은 모순이다. 일제의 '행복'과 '평화'란 말은 위장이요, 거짓이다. **침략자란 시작부터 평화를 무너뜨리는 자다.** 침략자의 언어는 곧 악마의 언어이다. 이들의 미사여구는 자신들의 악마성을 은폐한다.

> '동양 평화와 한국 독립에 대한 문제는 이미 세계 모든 나라의 사람들 이목에 드러나 금석(金石)처럼 믿게 되었고 …'
> – 『동양평화론』, 안중근, 1910년 경술 2월 대한국인 안중근 뤼순 옥중에서 쓰다.

안중근의 '동양 평화'는 가짜라곤 찾아 볼 수 없는 진실이다. 일제의 '동양 평화'와 달리 안중근의 '동양 평화'에는 위장이나 가장이 없다. 그의 동양 평화론은 다른 어떤 구실에 기대지 않고 홀로 고고하게 선다. 안중근의 언어는 선(善)의 언어, 의(義)의 언어다. 그의 말 속에서는 어떤 모순도, 어떤 은폐의 흔적도 찾을 수 없다. 안중근은 귀스타브 르 봉[12]이

---

12) 프랑스의 사회학자이자 사회심리학자로 『군중심리학』을 통해 알려졌다. 군중의 심리와 행동의 원인을 면밀히 분석한 이 책을 통해 사회심리학 분야의 선구자로 평가받고 있다.

말한 우리의 민족정신, 민족 고유의 정신이 어떤 것인지 보여 준다. 안중근이야말로, 안중근의 언어와 안중근의 '동양평화론'이야말로 오늘까지 우리의 운명을 지배하는 불가사의한 지배자다.

아무 일도 일어나지 않았다

역사란 본질적으로 기억과 망각의 문제다. 영웅은 그저 기억된다. 누구에게도 강요한 바 없지만 역사는 그를 기록하고, 기린다. 반면 악인은 자신이 원하는 대로 기억되고자 조작하고 은폐하는 이다. 악인은 문건을 불태우고 자료를 폐기한다. 악인은 결코 핸드폰 비밀번호를 알려 주지 않는다. 그들은 공통적으로 핸드폰을 (자발적으로) 분실하고, 디가우징하거나 핸드폰을 물리적으로 부순다. 일부러 압수수색을 하지 않고 (핸드폰을 맡긴 채) 황제 조사를 하고 수사 없이 수사하는 척을 한다. 이들은 수사하는 자가 아니라 수사 기피자, 즉 은폐자들이다. 일제는 패전 직후 자국 내에서는 물론이고 점령지와 대만, 조선 등 식민지 전역에서 대대적으로 기록과 공문서 등을 폐기, 소각했다. 이들은 망각을 기도했다.

역사 논쟁이란 기억하는 자와 망각을 강요하는 자 간의 싸움이다. 선(善)은 기억하려 하지만 악(惡)은 망각을 선동한다. 악인은 역사를 무의미하고 무용한 충동쯤으로 멸시한다. 역사에 대한 해석이 정치적 사태를 바라보는 입장과 대개 일치한다는 점은 놀라울 정도다. 기억하는 자와 망각하는 자는 관용과 불관용에 대해 완전히 대립적인 태도를 취한다. 망각하는 자는 역사적으로 도저히 관용할 수 없는 범죄조차 관용하라고 강요한다. 이들은 침략 범죄와 친일 행위, 반민족 행위, 학살과 쿠데타조차 관용하라고 떠들어 댄다. 이들은 그러면서 동시에 불관용을 천명한다. 이들은 헌법재판소와 공수처, 서부지법, 야당에 대한 예외 없는 불관용을 주장한다. 이들의 관용론, 불관용론은 서로 모순인 데다, 역사적인 배반 행위에 불과하다.

계엄도, 내란도 관용하라고 요구하는 이들은 망각하는 자들이다. 기억하는 자들은 절대 계엄을 관용할 수 없다. 이들은 과거의 계엄에 대해서도 용서한 적이 없다. 학살에 대해서도, 조작과 고문에 대해서도 이들은 불관용 원칙을 견지한다.

망각을 강요하는 자들은 역사를 혐오한다. 이들은 편집증적으로 기억을 거부한다. 타인을 의심하고, 불신하며 타인에 대해 적대적이다. 이들은 타인을 적으로 낙인찍고 폭력적이며 비타협적이다. 이들이 모인 장소에서는 적대감과 불신, 의심과 증오가 광적으로 표출된다.

- 김구 선생은 중국 국적을 가졌다는 이야기도 있다.[13]
- 일제 치하에 (우리 조상의) 국적이 일본인 것은 상식적인 것이다.[14]

역사적 궤변은 거짓 현혹의 가장 흔한 방식이다. 악의 세습자들은 영웅을 흠집 낸다. 그들은 악의 편에 서서 어떻게든 악을 미화하는 데 전력투구한다. 이들은 하나같이 민족정신을 부정한다. 악의 변호사로서 역사를 해석하고, 악의 입장에서 역사를 본다. 이들의 우선순위, 가치 체계는 선이 아니라 악의 뼈대 위에 세워져 있다.

친일과 부역, 학살과 독재는 결코 민족정신이 될 수 없다. 친일이나 독재 따위에는 숭배할 만한 요소가 없다. 거기엔

---

13) 2월 14일, 김문수 고용노동부 장관이 국회 대정부질문에 나와서 한 답변
14) 24년 8월 26일, 국회에서 열린 인사청문회에서 김문수 고용노동부 장관(당시 후보자)의 발언

어떤 내면의 깊이, 희생, 초월성, 심오함, 숭고함이 없다. 인간을 전율하게 만드는 고결한 정신이 원천적으로 결여되어 있다. 악의 자손, 악의 형제, 악의 상속자, 악당_{Villain}, 악의 세습자들이 아무리 미화한다고 해도 악은 민족을 이끌 힘을 가지고 있지 않다. 악에는 일정한 방향이 없다. **악이란 경로가 없는 행진 같은 것이다. 이들은 나아가지만 동일한 장소에서 만나지 않는다.** 악은 정신이 아니라 그저 바이러스, 기생충, 병원체 같은 것이다. 악은 면역 체계가 부실한 숙주에 전염되고 전파되며 확산된다. 그러나 어떠한 경우에도 악은 민족이 가야 할 올바른 장소를 제시하지 못한다. 악인이란 목표가 없는 영혼, 그저 전염시키는 데에만 혈안이 된 악성 세균, 어둠 속에 배회하는 유령이다.

악마의 언어

2024년 12월 3일 밤, 윤석열은 계엄을 선포하면서 자유 대한민국 수호, 자유 헌정질서와 자유민주주의 수호를 내걸었다. 그러나 계엄과 자유, 계엄과 헌정질서, 계엄과 민주주의는 상호 모순이다. 계엄 담화문이 말하는 자유, 민주주의는 계엄의 악마성을 은폐한다. 평화적인 계엄, 계몽적인 계엄과 같은 미사여구로는 계엄의 본래 목적을 감출 수 없다.

계엄은 전형적인 악마의 언어다. 계엄사령부 포고령(제1호)에는 '금지'와 '처단'이 반복적으로 나온다. "포고령 위반자에 대해서는 대한민국 계엄법 제 9조(계엄사령관 특별조치권)에 의하여 영장없이 체포, 구금, 압수수색을 할 수 있으며, 계엄법 제 14조(벌칙)에 의하여 처단한다." 침탈, 살인, 고문, 강제 동원 따위가 1910년 '한일 강제 병합'의 실상이었듯이 '14명의 체포 명단', '3명의 우선 체포 리스트', '500명에 이르는 등급별 수거 대상 명단', 사살, 감금, 폭파, BL탄, '북 도발 유도' 따위야말로 2024년 12월 3일 일어난 계엄의 구체적인 실상이다. 특전사 헬기, 'B1 벙커'는 계엄의 실제 언어다. 그날 밤, 계엄이 가고자 한 장소는 국회 봉쇄, 선관위 점거, 선관위 서버 탈취, 국가비상입법기구[15] 등이다.

계엄은 이미 평화가 깨진 지점에서 출발한다. 계엄은 그

---

15) 국회를 대체할 일종의 과도입법기구를 구성하고자 한 것이다. 대한민국 정부 수립 이후 구성된 모든 과도입법기구는 독재 강화를 목적으로 하거나 군사 반란을 일으킨 세력들이 기존 국회를 해산하고자 하는 목적으로 구성되었다.

안에 '평화 파괴', '결속의 붕괴'란 속성을 가지고 있다. '계엄 상태'란 평화가 이미 상당 정도 붕괴된 상태, 평화가 극도로 위협받은 상태다. '전쟁, 전시에 한해 계엄'이란 말은 계엄 선포 전에 이미 상당한 정도로 평화가 손상되었거나 그러한 위험이 벌써 내부에 들이닥쳤다는 것을 전제한다. 정당한 계엄, 합법적인 계엄조차 '전쟁 상태'를 가정한다. 이에 반해 '계엄 해제'란 '평화 상태'로 돌아왔음을 의미한다. 즉 평화 붕괴(혹은 평화 붕괴 위험)의 시간이 끝났다는 의미이다. '계엄 해제'는 '평화 선언'이다.

계엄 이후 불과 3시간이 채 지나지 않아 의결된 **'계엄 해제'는 마치 아무 일도 일어나지 않은 듯한 착시**Optical Illusion**를 일으킨다.** 계엄이 공동체 전체를 이끌고 가려고 했던 곳, 'B1 벙커', 폭파, 체포, 사살, 수거 명단 같은 것은 망각된다. 그러나 만약 시민들이 계엄 즉시 국회를 에워싸지 않았다면? 계엄 해제가 없었다면? 190명의 국회의원들이 담을 넘어 국회의사당 본회의장에 들어가지 못했다면? 그래서 실제로 계엄이 단 며칠 동안이라도 진행됐다면?

• 전공의를 비롯하여 파업 중이거나 의료현장을 이탈한 모든 의료인

은 48시간 내 본업에 복귀하여 충실히 근무하고 위반시는 계엄법에 의해 처단한다.
- 국회와 지방의회, 정당의 활동과 정치적 결사, 집회, 시위 등 일체의 정치활동을 금한다.
- 모든 언론과 출판은 계엄사의 통제를 받는다.
- 포고령 위반자에 대해서는 대한민국 계엄법 제 9조(계엄사령관 특별조치권)에 의하여 영장없이 체포, 구금, 압수수색을 할 수 있으며, 계엄법 제 14조(벌칙)에 의하여 처단한다.

아무 일도 일어나지 않았다는 말은 거짓이다. 이 말은 망각을 선동한다. 망각의 선동은 폐기, 파쇄, 소각 행위와 같다. 악은 도피하기 전에 최종적으로 기록, 자료, 증언 등을 삭제, 폐기한다. 나치도, 일본 제국도 패전을 예감하고 모든 서류를 불태웠다. 이는 모두 망각을 기도하는 행위에 지나지 않는다.

망각에 맞서기 위한 가장 치명적인 무기는 기억이다. 계엄 담화, 포고령, 계엄 쪽지, 노상원의 수첩 등이야말로 계엄의 실상이다. 무장 군병력과 경찰(검찰, 국정원 등)이 국회, 선관위, 언론사 등에 투입되었고, 이재명, 정청래, 김어

준 등 주요 인물에 대한 체포 지시가 내려졌으며 감금 장소, 이송, 수거 방법 등이 모의되었다. 수많은 증언과 증인, 방송 화면은 계엄으로 인해 어떤 일이 실제로 벌어졌는지 폭로한다. 국회의 계엄 해제 의결 후에도 계엄 세력은 즉각 군 철수 명령을 내리지 않았다. 군이 상부의 명령 없이 철수하고 계엄이 실제로 해제되기까지 계엄의 파괴적 그림자가 공동체 전체의 운명 위에 드리워져 있었다. 생사의 갈림길이자 민족 대재앙의 막다른 고비였다.

노상원의 수첩[16]은 계엄의 핵심 문서다. 노상원 수첩은 계엄 상황을 생생하게 묘사한 일종의 인상주의[17] 풍경화라고 할 수 있다. 그림, 이미지는 언어, 문장보다 생생하고 직관적이다. 이 수첩에 적힌 것을 그림으로 그려 본다면 계엄이 왜 중범죄인지, 왜 중대한 배신행위인지 두 눈으로 명확하게 볼 수 있을 것이다. 노상원의 문서와 한일병합조약 문서는 그 악마성에 있어 동일 문건이다. — 이 둘 모두 악의 문서, 사탄$_{Satan}$의 메모다. — 단지 하나는 36년간 유효했고, 다

---

[16] 12·3 비상계엄 선포 관련 모의의 핵심 정황이 기록된 수첩이다. '수거대상' 명부, 합동참보본부 지휘소의 위치 등이 작성되어 있으며 해당 수첩의 내용과 계엄과의 연관성을 수사 중이다.

[17] 색채, 색조, 질감 자체에 중점을 둔 미술 사조

른 하나는 6시간 반 동안 유효했을 뿐이다.

나쁜 놈, 무능한 놈, 생각 없는 놈

> 그의 말을 오랫동안 들으면 들을수록, 그의 말하는 데 무능력함(Inability to speak)은 그의 생각하는 데 무능력함(Inability to think), 즉 타인의 입장에서 생각하는 데 무능력함과 매우 깊이 연관되어 있음이 점점 더 분명해진다. 그와는 어떠한 소통도 가능하지 않았다. 이는 그가 거짓말하기 때문이 아니라 그가 … 현실 자체(reality as such)를 막는 튼튼한 벽으로 에워싸여 있었기 때문이다.
>
> - 『예루살렘의 아이히만』, 한나 아렌트, 106p

나치의 범죄, 유대인 대학살 계획은 황당무계하다. 나치 일당이 유대인에게 덮어씌운 낙인은 실체가 없는 가짜이다. 유대인은 열등하므로 죽어야 한다는 발상은 허무맹랑한 망상이다. 전범 재판소에 나온 나치 잔당의 침묵은 홀로코스트 사태의 기원(망상)을 드러낸다. 그들은 자기 범죄를 해명할 수 없다. 망상에 의한 범죄는 어떤 언어로도 설명이 불가능하다. 홀로코스트 가담자의 침묵은 필연적인 것이다. 망상에 대한 변론은 애초에 불가능하기 때문이다. 이러한 맥락에서 황당무계함이야말로 홀로코스트의 본질이다.

- 쪽지를 주었다. / 쪽지를 준 적이 없다. / 쪽지를 받았지만 읽지 않았다 …
- 계엄 모의가 있었다. / 계엄 모의는 없었다 …
- 계엄 국무회의가 있었다. / 계엄 국무회의는 없었다. / 계엄 국무회의가 아니다 …
- 체포 명단, 체포 지시 등이 있었다. / 체포 명단, 체포 지시는 없었다 …

2024년 12월 3일 밤 일어난 계엄 관련자들은 설명 불능, 해명 불능 상태에 놓인 자들이다. 이들의 횡설수설은 필연적이다. 윤석열과 김용현, 여인형 등의 공통된 언어, 즉 궤변, 요설은 이 사태가 망상과 무관하지 않음을 보여 준다. **2024년 12월 3일 밤의 계엄이 황당무계한 이유다.**

계엄을 일으킨 이들, 계엄 세력, 그리고 계엄의 동조자들은 한나 아렌트가 말한 무능력자Incompetent다. **계엄은 무능력자들의 합작품이다. 이들은 말하는 데 무능력하고 생각하**

는 데 무능력하며 특별히 타인의 입장에서 생각하는 데 무능력하다. 이들은 벽으로 에워싸인 채 현실을 제대로 바라보지 못한다. 동시에 이들은 역사적 문맹자다. 이들은 법적으로 숙련되었지만 역사 문맹이기 때문에 현실을 바로 볼 수 없다. 악(惡)에 무감각하고 나아가 악을 맹종한다. 이들의 악함(나쁜 놈)과 무능력(무능한 놈), 공감 불능(생각 없는 놈)은 계엄을 미화하고 어쩔 수 없이 계엄에 이른 것처럼 두둔한다.

레키는 이 범주가 작은 규모로 출발해서 역사와 함께 확대된다고 믿었다. "인간은 자애로운 감성이 이기적인 감성보다 매우 약한 상태로 세상에 태어난다. 도덕의 기능은 이 질서를 뒤집는 것이다. …. 한때는 자애로운 감성이 가족만 아우르다가, 얼마 지나지 않아 '확대된 범주' 안의 계층부터 시작해서, 국가, 국가 연합, '온 인류'가 포함된다. 그리고 마침내는 그 영향이 동물 세계를 대하는 인간에게까지 미친다."

- 『선악의 기원』, 폴 블룸, 284~285p

3. 악의 현현

위버멘쉬

자기 자신의 인격을 발달시키는 것은 정말로 인기 없는 일이다. 인격 도야는 대다수의 사람들에게 대단히 마음에 들지 않는 일탈로 보이고, 또 수도사의 분위기까지 풍기는 기행으로도 보인다. 그렇다면 아주 오랜 옛날부터 극소수의 선택된 자들만이라도 이런 이상한 모험을 감행했다는 사실이 작은 경이로 다가온다. 이 소수의 사람들이 모두 바보였다면, 우리는 그들을 관심을 쏟을 가치가 전혀 없는, 정신적으로 "은밀한" 사람들로 치부하고 무시할 수 있을 것이다. 그러나 불행하게도 이 인격자들은 대체로 인류에게 전설로 통하는 영웅들이다. 말하자면 우리가 우러러보고 사랑하고 숭배하는, 역사에서 결코 이름이 지워지지 않을 신의 진정한 자식들인 것이다. 그들은 인류라는 나무의 꽃이자 열매이며 영원한 씨앗이다.

-『인격은 어떻게 발달하는가』, 칼 구스타프 융, 233p

칼 구스타프 융에 의하면, **영웅은 인격자다.** 영웅의 삶은 하나같이 경이롭다. 이들은 모함받는 자, 재판받는 자, 희생하는 자, 십자가를 지는 자다. 안중근은 영웅, 즉 인격자다. 안중근[18]은 일제 재판에서조차 추한 모습을 보이지 않았다. 온갖 추함, 악함이 결합된 일제 법정이란 장소에서조차 안중근은 어떤 종류의 이의 제기도 하지 않았고, 피고인의 권리 따위를 구걸하지 않았다. 그는 도망치려 하지 않았으며, 변명하려 하지 않았다. 체포에 대한 저항, 구속에 대한 저항, 경호 차벽, 구속 취소 소송, 절차에 대한 이의 제기 등은 구차하다. 안중근은 체포되고 죽기까지 이런 구차한 모습을 보이지 않았다. 그는 횡설수설하지 않았다. 그는 영웅의 언어로 말하고 스스로 죽음을 향해 걸어 들어갔다. 안중근의 비범한 태도는 그의 일본인 변호사 미즈노 기치타로뿐만 아니라 재판장이었던 마나베 주조마저 그를 존경하도록 만들었다.

영웅이란 일탈하는 자, 기행을 하는 자, 모험을 감행하는 자다. 그들이 사랑과 숭배의 대상이 되는 것은 역설적으로

---

18) 대한제국 말기에 활약한 독립운동가, 항일 의병 '대한의군'의 참모중장. 1909년 소수의 결사대를 조직하여 하얼빈역에서 이토 히로부미(당시 통감)를 저격하는 의거를 단행하였다. 이후 체포되어 재판 후 사형 선고를 받았으며, 1910년 3월 26일 그의 나이 32세에 사형이 집행되었다.

그 일탈, 기행, 모험 때문이다. 그들은 어리석은 군중이 그러하듯 쉽게 현혹되지도, 전염되지도 않는다. 그들은 어떤 종류의 바이러스, 병원체에도 면역력과 내성을 가진 초인(위버멘쉬Übermensch)[19]이다.

  영웅은 오직 선한 목표를 이루기 위해 불가능성으로 뛰어든다. 그들은 (심지어) 불법, 불확실성, 불능 따위에 흔들리지 않고 우직하게 나아간다. 잔 다르크와 이순신의 공통점은 완전한 불확실성, 실현 불가능성으로 돌진했다는 데 있다. 이는 전형적인 모험, 전형적인 기행, 전형적인 일탈이다. 이들을 이처럼 대담하게 만든 것은 오직 선하고 의로운 목표였다. 이들이 구원하고자 한 것은 자기 자신이 아니라 민족이다. 영웅과 달리, 악인은 자기 자신의 망상에 의해 불가능성으로 돌진한다. 그는 망상에 사로잡혀 불법, 불확실성, 불능 따위를 망각한다. 그는 망각을 선동하고 전염시킨다. 이들을 움직이는 가장 큰 우선순위는 늘 '자기 자신'뿐이다. 유대인은 인종이 다르다, 인종이 다르므로 제거하지 않으면 안 된다는 히틀러식의 '나의 투쟁'은 나치와 독일인

---

[19] 프리드리히 니체가 삶의 목표로 제시한 인간상이다. 고통마저도 자신을 성장시키는 기회로 받아들이고 외부의 힘에 의존하기보다 자신의 삶에 집중하며 가치를 창조해 내는 자를 뜻한다.

전체에 전염되고 확산된 바이러스이다.

 인간은 학살을 통해 신(자연)을 모방한다. 인간 이전의 학살이란 예외 없이 추위와 홍수 등 자연에 의해 일어났다. 늑대나 하이에나는 학살에 관한 한 무능력자다. 인간이 늑대보다 악한 것은 망상 때문이다. 오직 인간만이 망상에 이끌려 학살을 모의하고 실행한다. 인간에 의한 대학살이 바이러스와 같은 감염 원천으로 인한 재앙과 (형식과 결과 측면에서) 유사한 것은 우연이 아니다. 중세 유럽의 흑사병Black death은 약 3년(1347년~1351년) 동안 2천만 명의 사망자를 냈다. 마찬가지로 제2차 세계 대전은 약 6년(1939년 9월~1945년 8월) 동안 5,500만 명을 사망에 이르게 했다. 학살은 인간이 일으키는 전염병이다.

 전염병과 마찬가지로, 악도 종말이 있다. 동시에 전염병이 절멸하지 않는 것처럼 악도 절멸하지 않는다. 전염병이 시기를 달리해 유행하듯이 악도 시기를 달리해 출몰한다. 모든 종류의 악, 모든 종류의 바이러스는 산발적이다. 바이러스와 바이러스, 악과 악 사이에는 이것들을 연결시키고 결합시키는 유대감, 결속이 없다. **악의 세습이란 하나의 끈**

으로 연결된 정신이 아니다. 악의 세습은 본질적으로 페스트, 바이러스와 같은 것이다. 고대 아테네에 창궐한 전염병은 중세 유럽의 흑사병과 무관하다.

역사상 모든 악의 최후 역시 역사상 모든 전염병의 최후와 닮았다. 악의 실패는 인격의 부재 때문이다. 칼 구스타프 융이 말한 대로 악에는 영웅적 요소, 즉 나무의 꽃, 열매, 영원한 씨앗이 없다. 악은 바이러스처럼 그저 날아다니고 부유하고 기생한다. 굳건한 뿌리가 없기에 악은 민족정신이 될 수 없다. 악에 생명을 불어넣는 것은 인격이 아니라 단순한 망상이다.

망상 장애

일본인도 그러하거늘. 하물며 한국인으로서는 자기의 친척과 지기(知己)의 죽임을 당하는 마당에 어찌 증오해 마지않을 수 있겠는가. 따라서 내가 이등을 죽인 것도 전에 말한 바와 같이 의병 중장의 자격으로 한 것이지 결코 자객으로서 한 것은 아니다. 한국과 일본 두 나라의 친선을 저해하고 동양의 평화를 어지럽힌 장본인은 바로 이등이므로, 나는 한국의 의병 중장의 자격으로서 그를 제거한 것이다. 그리고 나의 희망은 일본 천황의 취지와 같이, 동양 평화를 이루고 5대 주에도 모범을 보이고자 한 것이 그 목적한 바다. 내가 잘못하여 범행을 저질렀다고 하지만 그것은 결코 잘못된 일이 아님을 주장하는 바이다.

- 안중근 의사의 최후 진술, 「한국독립운동사자료」 6권, 안중근 편

계엄은 일종의 정당방위 Self-defense다. 대한민국헌법 제77조 1항[20]은 계엄의 정당방위 요건을 명시하고 있다. 합법적 계엄이란 현재, 전시 혹은 사변 상황을 맞닥뜨려 군이 이를 방어해야만 할 때 인정된다. 정당방위는 명확한 언어, 명백한 이유로 그 불가피성이 증명되어야 한다. 신문 조서에서, 안중근이 말하는 정당방위 사유, 정당방위의 근거에는 장황함이 없다. 이토 히로부미를 척결한 이유는 명확하고 간명하다.

12. 한국인은 일본인의 보호를 받고 싶어 한다고 세계에 거짓말을 퍼뜨린 죄

---

20) 대통령은 전시·사변 또는 이에 준하는 국가비상사태에 있어서 병력으로써 군사상의 필요에 응하거나 공공의 안녕질서를 유지할 필요가 있을 때에는 법률이 정하는 바에 의하여 계엄을 선포할 수 있다(대한민국 헌법 제77조 1항).

13. 현재 한국과 일본 사이에 경쟁이 쉬지 않고 살육이 끊이지 않는데, 한국이 태평 무사한 것처럼 위로 일본 천황을 속인 죄
14. 동양의 평화를 깨뜨린 죄

— 대한제국의 안중근이 신문 조서에서 밝힌 이토 척결 사유 15개 조 중

2024년 12월 3일 계엄은 명확한 언어, 명백한 이유가 없다. 그날 밤에는 전쟁이나 국가 비상사태가 없었다. 즉, 방어해야만 하는 상황, 적이 없었다. 방어해야 할 대상이 없는 정당방위란 성립할 수 없다. 망상장애Delusional disorder는 지극히 평화로운 상태에서조차 정당방위론에 사로잡힌 상태다.

- 중국, 북한과 결탁해 부정선거로 민주주의 근간을 흔든 죄
- 정부 관료 줄탄핵으로 사법부, 행정부를 마비시킨 죄
- 비상계엄을 내란으로 몰아 체제 전복을 노린 죄
- 완장찬 문형배(헌법재판소장 권한대행)와 짜고 사기 탄핵을 공모해 국민을 농락한 죄
- 윤 대통령을 비롯한 계엄 관계자를 불법 체포, 구금, 수사하도록 압박한 죄
- 의회독재 패악질로 국민에 정신적, 물질적 피해를 입힌 죄[21]

---

21) 김용현 전 장관의 옥중 편지에서 더불어민주당을 "악의 무리"라 칭하며 적시한 '죄악상 10가지', 2025. 03. 13.

망상은 가상의 적을 만들어 낸다. 망상 장애에 사로잡힌 자는 자신이 만들어 낸 허구의 적과 결전을 벌인다. "중국, 북한과 결탁했다", "완장을 찼다", "의회독재 패악질로 피해를 입혔다"라고 하는 것은 가상의 적이 벌인 일, 곧 망상이다. 가상의 적을 상대로 내전을 일으키고자 한 것, 이는 오상 방위Mistaken self-defense, 착각 방위다. 오상 방위, 착각 방위란 정당방위의 객관적 전제 사실이 존재하지 않음에도 불구하고 방위 행위로 나아간 경우이다. 체제의 전복, 간첩, 반국가세력은 실체가 없다. 이것들은 모두 망상 장애가 만들어 낸 가상의 적이다.

"이제는 실로 협동적으로 나아가야 하는 상황이 되었으며, 자진하여 한 가족이 되어야 한다"[22] 라는 이토 히로부미의 말은 거짓이다. 이는 허구이며, 망상이다. 이토 히로부미는 민족을 침탈, 학살하는 현존하는 위협이자 악(惡)이다. 반면, 안중근의 이토 히로부미 저격은 정당방위이다. 현재성, 부당성, 방위성 등의 정당방위 요건을 모두 충족시키기에 이토 히로부미는 척결 대상이다. 안중근도 법정에서 이

---

22) 1909년 8월 19일, 야마가타시에서 열린 연설회에서 한일 관계에 관한 이토 히로부미의 발언

러한 내용을 엄중하게 진술했다.

> 아마도 오늘날까지 역살(逆殺)당한 한국인은 10만 이상을 헤아릴 줄로 안다. 10여만 명의 한국인이 나라를 위해 싸우다가 죽었으니, 이것은 본래의 소망이겠으나 사실은 이등(이토 히로부미)23) 때문에 역살당한 것이다. 다시 말하면 머리에 쇠사슬을 씌워 생살(生殺)하고 사회를 위협하기 위해 양민들에게 그 광경을 보이는 등 참역무도(慘逆無道)한 짓을 공공연히 자행하여 10여만 명을 죽인 것이다.
>
> — 안중근 의사의 최후 진술, 「한국독립운동사자료」 6권, 안중근 편

안중근은 호수 위에 떠 있는 달그림자 따위를 쫓지 않았다. 안중근은 실제로 있는지 없는지 도무지 확인조차 불가능한 유령을 증오한 적이 없다. 그는 실재하는 적을 척결했다. 그는 일본 제국이 말하는 동양 평화가 완전한 망상, 완전한 허구임을 선포하고 이를 응징했다. 그의 척결, 그의 응징이야말로 진정한 의미의 정당방위이다.

---

23) 일본 제국의 초대, 제5, 7, 10대 내각총리대신. 을사조약을 강제로 체결한 장본인으로, 안중근 의사에게 저격당해 사망했다.

민족정신

외젠 들라크루아가 그린 「민중을 이끄는 자유의 여신」은 자유 프랑스, 민중이 주인이 된 프랑스를 예언한다. 「민중을 이끄는 자유의 여신」 속 깃발 든 여인의 표정은 이미 승리를 쟁취한 듯이, 꿈을 다 이룬 듯이 느껴진다. 2024년 12월 3일 밤, 여의도 국회를 에워싼 시민들의 모습은 마치 들라크루아의 그림처럼 보인다. 맨몸으로 폭력과 불확실성 한가운데로 뛰어든 이들은 이미 승리자다. 특전사를 가득 태운 헬기가 너무 늦게 날아왔고, 군과 경찰은 우왕좌왕 갈피를 못 잡은 데 반해 시민과 국회는 확고한 목표를 가지고 계엄을 막아 세웠다. 이들은 정당방위자들이다. 국회 내에 진입한 군이 단전을 시도했으나 이는 이미 쟁취한 승리를 빼앗아 가지 못했다.

계엄 세력에 맞선 시민, 국회의원을 행동하게 한 것은 민족정신이다. 민족의 고유한 정신, 조상 대대로 내려오며 쌓인 잔재들의 합이 계엄을 막아 세웠다. 운명을 지배하는 불가사의한 지배자들이 아니었다면 계엄 해제란 불가능했을 것이다.

(나를 포함해) 군중이란 본디 원시Hypermetropia를 지닌 환자와 같다. 우리는 대체로 멀리 있는 것은 잘 볼 수 있으나, 가까이 있는 것은 보지 못한다. 윤석열 탄핵 전후로 거리로 나온 극우 군중, 윤석열 탄핵 반대를 외치면서 무질서를 선동한 정치인, 서부지법을 부수고 헌법재판관 테러를 예고한 익명의 군중은 모두 오상 방위자들, 착각 방위자들이다. **이들은 원시Hypermetropia다. 이들에게는 (민족의) 운명을 지배하는 불가사의한 지배자가 없다.** 이들은 파괴자이며 전형적인 악의 세습자들이다.

역사를 바로 보는 일이란 곧 나 자신을 역사상 최악의 사탄으로 규정하는 것이다. 거울 속 나 자신이 히틀러나 스탈린 같은 독재자일 수 있다고 가정하는 것이다. 이러한 역사적 가정은 나 자신과 타인의 악(惡), 나아가 사회에 만연한 악을 올바로 바라볼 수 있도록 이끈다. 무엇이 거짓이고 누가 악당인지 정확하게 볼 수 없다면, 올바른 판단은 불가능하다. 내 안에 은밀하게 똬리를 틀고 있는지도 모를 폭력성, 사악함, 그릇된 이기심을 발견하고 이것들과 싸워 나가는 것, 컨트롤하는 것이 역사의 바른 사용법이다. 정의로운 목표를 세우고, 내면의 악의 씨앗을 긍정의 에너지로 전환시켜 선을 행하는 것, 그것이 바로 역사적 명령이다.

장님 무사의 종말

 2024년 12월 3일의 계엄 사태는 역사적 사태다. 진정한 사죄, 진정한 사과가 없는 한 악(惡)의 넋은 숙주를 찾아 헤매며 혼돈을 전염시킨다. 계엄 사태가 가져온 혼돈은 일제 강점기, 해방 직후의 혼돈의 복사판이다. 역사의 눈으로 보면, 2024년 12월 3일 계엄의 기원은 1905년 을사년, 제국주의 일본의 조선 침탈 이전으로 거슬러 올라간다. 12월 3일 계엄 세력의 멘탈리티Mentality는 '혼돈'의 측면에서 1905년 을사년[24]의 친일 반민족 부역자들의 멘탈리티와 같다. 을사오적[25]은 밀려 들어오는 악의 바이러스에 자발적으로 감염되길 소망한 자들이다. 이들은 회유와 협박으로, 아직 악에 전염되지 않은 건강한 숙주를 향해 다가간다. 을사오적은 민족정신에 대한 증오, 정의와 질서에 대한 증오에 사로잡힌 이들이다. 을사오적은 장님 무사다. 이들은 수탈당하고 짓밟힌 민족을 볼 수 없었다. 이들은 현실을 보지 않기

---

24) 1905년, 을사늑약의 해
25) 1905년 을사늑약의 체결에 찬성한 '친일반민족행위자 매국노' 이완용, 이근택, 이지용, 박제순, 권중현을 이르는 말

로 작정하고 일제 속으로 들어가 일제의 무사가 된다.

계엄 세력은 을사오적을 모방한다. 질서를 붕괴시키고 악을 전염시킨다는 점에서 계엄 세력은 을사오적과 같은 바이러스다. 을사오적과 계엄 세력 모두 앞을 볼 수 없다는 점에서 부주의에 의한 맹시Sustained inattentional blindness, 부주의맹[26]이다. 부주의맹은 그릇된 목표 때문에 현실을 올바로 보지 못한다. 부주의맹은 원천적이고 시각적인 결함 때문에 언제나 허무맹랑한 결론에 다다른다.

- 친일도 괜찮다. (친일도 해 볼 만하다.)
- 계엄도 괜찮다. (계엄도 해 볼 만하다.)

악은 무기력하다. 모든 악(惡)은 언제나 '어쩔 수 없이' 저질러지곤 한다. 악의 변론은 늘 '어쩔 수 없다는 것', '무기력Lethargy'에 의지한다. 악은 무기력 상태, 책임을 감당할 수 없는 상태, 어떤 힘도 능력도 없는 상태임을 자백한다. 어리석은 군중은 무기력에 힘없이 전염된다. 이들은 무기력에 동조하고 나아가 무기력을 찬양한다. 이들은 '어쩔 수 없는 친

---

[26] 사물을 보고 있으면서도 인지하지 못하는 상태

일', '어쩔 수 없는 독재', '어쩔 수 없는 학살', '어쩔 수 없는 계엄'을 지지한다.

어쩔 수 없이 일어난 반민족 범죄, 반공동체 악행을 전부 관용한다면, 남는 것은 '혼돈'뿐이다. 그리하여 반복적으로, 지속적으로 혼돈이 도래한다. 매듭짓지 못한 과거, 단죄하지 못한 악(惡)은 혼령처럼 우리 주위를 맴돈다. 역사는 돌고 돈다. 시간차를 두고 악인(惡人)이 거듭 등장한다. 완벽한 질서가 구축된 듯하다가도 어느 순간 까마득한 '혼돈'이 찾아온다. 역사의 회귀, '윤회'다.

> "다섯 살짜리 애가 권총을 들었다. 그러면 자기도 죽일 수 있고 부모도 죽일 수 있고 다른 사람도 죽일 수 있다. … 우리 대통령은 정치를 한 적이 없다. 다섯 살짜리 꼬마가 지금 총 들고 있는 격이다. 그럼 그 다섯 살짜리가 총을 쥐고 있는 걸 야단쳐야 하나, 아니면 그 주변 사람들이 그 다섯 살짜리가 위험하지 않게끔 만드는 게 중요하겠나?"
> – 명태균, 「장윤선의 취재편의점」, 2024년 10월 29일

"통계를 보면 세 살짜리 아이들이 인간 종족 중에서는 가

장 폭력적이다."[27] 다섯 살짜리 아이도 세 살짜리 아이 못지않게 폭력적이다. 세 살짜리든, 다섯 살짜리든, 아이에게 권총을 쥐여 주는 것은 위험천만한 일이다.

악인은 폭력과 무지의 측면에서 세 살짜리 아이와 다를 게 없다. 악인도, 세 살짜리 아이도 (실수로라도) 총을 난사할 수 있다. 이들은 총을 쏜 후에도 자신이 뭘 한 것인지 정확히 알지 못한다. "아무 일도 일어나지 않았어!" 그렇게 말하고는 도망가 버릴지도 모른다. 눈을 질끈 감고 방으로 숨어 버릴 수 있다. 권총을 벽장에 감추고, 불을 끈 채 '장님 무사'가 되는 것이다.

악인은 눈앞에 펼쳐져 있는 것을 일부러 보지 않음으로써, 마치 아무것도 없다고 상상하고 나아가 "아무것도 없다"라고 너도 말하라고 타인에게 강요한다. 장님 무사를 맹종하는 어리석은 군중은 자기 우두머리에 열광하며 복창한다. '아무 일도 일어나지 않았다!' 이들은 모두 한 몸, 동일체가 된다. 이는 '무기력'의 현현, 악의 현현이다.

---

27) 『12가지 인생의 법칙』, 조던 피터슨, 189p

이들이 두려워하는 것은 장님 무사의 종말이다. 이들은 법을 향해서도, 역사를 향해서도 겁박한다. 아무 일도 일어나지 않았다고 말하라! 망각하라, 법이여, 오 역사여, 그렇게 기록하라! 그러나 실제로는 너무 많은 일이 일어났다. 약속이 깨졌고, 배신이 일어났으며, 질서가 무너져 내렸다. 공동체를 바로 서 있게 만드는 가치 체계, 법질서가 무너졌다. 신뢰가 두 동강 나 거리 위에서, 법정에서, 공론장에서 내란이 벌어졌다. 만약 신이 계엄 세력의 손을 들어 주었다면, 계엄을 일으킨 자들이 원하는 대로 상황이 흘러갔다면 지금 우리가 목도하는 세계는 확연히 달랐을 것이다. 어떤 생지옥이 펼쳐지고 있을지 예측하기 힘들다. 노상원의 수첩은 그 어떤 것보다 계엄의 맨얼굴을 드러낸다.

- 그룹별로 묶지 말고 섞어서 수집소에 보낸다.
- 언론 쪽 100~200(명), '여의도 30~50명 수거, 500여 명 수집.
- 북에서 조치, 북에서 나포 직전 격침시킨다.
- 수거 대상 처리안, 연평도 이송 … 실미도항을 정찰하기 위해 집행 인원은 하차하고 하차 후 이동 간 적정한 곳에서 폭파하도록 한다.
- 막사 내 잠자리 폭발물, 확인 사살이 필요하다.

진실을 마주하라

'여호와께서 카인에게 이르시되 네 아우 아벨이 어디 있느냐? 그가 이르되 내가 알지 못하나이다. 내가 내 아우를 지키는 자니이까? 이르시되 네가 무엇을 하였느냐. 네 아우의 핏 소리가 땅에서부터 내게 호소하느니라.'

- 창세기 4장 9절~10절

성경에 따르면 카인은 인류 최초의 살인자다. 카인은 동생 아벨을 향한 수치심에 사로잡힌 자다. 수치심의 감정은 적개심의 다른 얼굴이다. 카인은 살인으로 첫 번째 범죄를, 거짓말로 두 번째 범죄를 저질렀다. 카인은 자신이 한 일을 부인함으로써 저주받은 인물이다. 그는 도피자였다. 범죄로부터, 진실로부터 도피하겠다는 결정은 결코 올바른 선택이 아니다. **진실을 말하는 것은 다가올 파멸로부터 나를 구원한다.** 거짓은 그 반대다. 거짓은 삶을 지옥으로 떨어뜨린다. 어디에서부터 거짓이 시작되었는지 모를 때, 지금 당장 진실을 말하는 편이 낫다. 진실을 고백하고 인정함으로써 문제를 바로잡고 오직 선한 질서를 구축하려 새롭게 나아가야 한다. 어느 경우에도, 거짓말하지 말라!

- (내 장모는) 사기 피해당한 적은 있어도 남에게 10원 한 장 피해 준 적은 없다.
- (내 아내 김건희는) 도이치모터스 주식 사고판 것이 며칠에 불과하며 수천만 원 손해 보고 팔았다.
- (내 아내 김건희는) 박절하지 못해 명품 백을 받은 것이다.

"죄를 지었으니 특검을 거부하는 것입니다." 윤석열은 대선 후보 시절 이렇게 주장했지만 정작 "대장동 특검에 동의하시겠습니까?"라는 물음엔 끝내 대답을 거부했다. 대장동 의혹은 오직 정적 이재명만을 처벌하는 도구로 전락했다. — 대장동 특검은 이뤄지지 않았다. 그 반대편에서 검찰, 여당, 언론은 이재명을 범죄자로 낙인찍었다. 누가 도피하는 자인가? 누가 진실을 온몸으로 거부하는 자인가? 누가 역사적 범죄자인가?

'공존'의 첫 번째 조건은 진실이다. 거짓말하지 않고, 약속을 지키는 것이다. 약속을 어겼을 땐 사과해야 한다. 이것은 공존에 관한 한 최소한의 조건이다. "끈기 있는 어른만이 세 살배기를 물리칠 수 있다."[28] 끈기 있는 어른만이 다섯 살배기 장님 무사를 물리칠 수 있다. 부주의맹, 계엄 세력, 광란의 극우 세력을 물리치는 것은 끈기 있는 어른이다. 무기력을 이겨 내고, 진실을 정면으로 마주하는 자만이 타인과 소통하고 협력할 수 있다. 거짓말하지 않는 자, 진실한 자만이 공존에 기여하고, 약속을 지키며, 사과도 한다.

---

28) 『12가지 인생의 법칙』, 조던 피터슨, 190p

인간은 자신이 볼 때 진실하지 않은 것은 모두 내버려야 합니다. 원초적 생각, 자기 이성에 비추었을 때 온 세상이 지지하지 않는 관습이 있다면 아예 하지 말아야 합니다. 이렇게 해서 불편함이나 소위 패망이 온다고 해도 그것은 죽어가는 향기가 가라앉으며 풍기는 냄새에 불과합니다. 삶의 성스럽고 신비한 공간에 일상적 행동을 다시 위치시키려 한다면, 그런 불편쯤은 참아야 합니다.

- 『자기 신뢰』, 랄프 왈도 에머슨, 138p

4. 내가 정권 잡으면
거기는 완전히 무사하지 못할 거야!

악인의 매력

 악인은 권력 획득을 위해 자신의 악마성을 숨기고, 영웅 행세를 한다. 암컷 공작을 유혹하기 위해 진화되어 온, 수컷 공작의 커다랗고 화려한 꽁지깃처럼, 악인의 온갖 미사여구는 권력 획득을 위한 위장술이다. 그러나 조금만 주의를 기울여 보면, 실체를 확인하는 일이 그리 어렵지는 않다. 위장은 결코 본성을 대체할 수 없기 때문이다.

- "사법 업무를 하는 사람에 대한 보복은 원래 중범죄입니다. … 그런데 여기는 겁이 없어요. 보통은 겁나서 못 합니다. 안 그렇습니까? 대통령 임기 5년이 뭐가 대단하다고, 너무 겁이 없어요."[29]

 '감히 나를 건드려?' '검사를 건드렸어?' '사법 업무를 하는 사람'이란 말 속에는 거만함, 특권의식이 담겨 있다. 자

---
[29] 유튜브 새시대준비위원회, 대통령 후보 시절 윤석열 발언, 2021. 12. 29.

신에 대한 보복은 중범죄가 된다. 자기 자신을 탄핵하려는 자는 겁이 없는 것이다. 그것은 심지어 '너무 겁이 없는 것'이다.

 '공존'에 유능한가? 질서를 바로 세우고, 협력할 준비가 되어 있는가? 권력이란, 오직 민족의 번영을 위해 권력을 수단으로 사용할 이에게 특별히 주어져야 하는 것이다. 정치학자 브라이언 클라스[30]는 '사이코패스' 성향, '마키아벨리즘'(권력 목표를 위해서는 어떤 수단이나 방법도 허용된다는 이념), '나르시시즘'(자기 중심성 성격, 지나치게 자기 자신이 뛰어나다고 믿음), 이 세 가지를 다크 트라이어드The Dark Triad[31], 즉 어둠의 3요소로 꼽는다. 그는 다크 트라이어드를 지닌 이는 명백한 악인이며, 이들에겐 절대 권력을 주어서는 안 된다고 말한다. 이들은 어김없이 극도로 사악한 권력자가 된다. 이들은 권력 집착, 즉 선천적으로 권력을 갈망하고 동시에 권력 획득에 매우 능하다. **사이코패스는 피상**

---

30) 유니버시티칼리지런던(UCL) 국제정치학과 부교수. 민주주의, 미국 정치와 정치 폭력, 선거에 대한 전문가로서 다양한 저술을 남기고 있다.
31) 어둠의 삼원. 인간관계를 망가뜨릴 수 있는 마키아벨리즘, 나르시시즘, 사이코패스 세 가지 성향을 묶어 이르는 말이다. 각각의 성향은 독자적인 특질을 갖추고 있으나, 각각의 상관도가 높기 때문에 하나의 개념으로 묶여 사용된다.

적 매력[32]Superficial charm**의 소유자다.** 사이코패스는 뇌 구조가 정상인과 다르다. 이들에겐 공감 능력이 없다. 그는 자신이 실제로 믿거나 하고 싶은 일이 아니라 타인에게 호평을 받기 위해 말하고 행동한다. 이들은 아주 짧은 시간 안에 사람들이 자신을 좋아하도록 만든다. 이들은 군중 속에 섞여 들어가는 법과 선해 보이는 법을 안다.

악인은 군중에게 매력적이다. 얼핏 보면, 호방하고 호기로운 데다 자신감이 넘쳐 보인다. 어리석은 군중은 이것을 리더에게 필요한 정의로움, 용기라고 해석한다. 더구나 정적을 악마화하고 정적을 제거하기 위해서라면 무엇이든 할 것 같은 태세에 광적으로 열광한다.

- 손바닥 왕(王) 자는 지지자들이 그려 준 것이다.
- 전두환은 계엄 같은 것만 빼면 정치는 잘했다.

언어는 예언적 Prophetic**이다.** 손바닥에 그려진 왕(王) 자는 예고한다. 왕(王) 자는 그가 얼마나 무기력할지, 폭력적일지 경고한다. 그는 심리적으로 이미 왕(王) 놀이 상태에 놓

---

32) 겉으로 드러나 보이는 매력적인 특성이나 행동을 말한다. 사이코패스 인격에 두드러지는 특성 중 하나이다.

여 있다. 다섯 살짜리 아이는 단지 왕 놀이를 할 수 있을 뿐이다. 그는 애초에 무기력하고 무능력하기 때문에 헌법의 수호자, 질서의 수호자가 되길 거부한다. '거부권'의 남발은 결코 우연이 아니다. 그는 야당을 거부하고, 진실을 거부한다. 그는 수치심과 두려움을 견뎌 내지 못한다. 그는 수거Clearance한다.

군중에게는 언어보다 매력이 더 강력하게 작용한다. 매력, 위신Prestige이 언어보다 더 결정적이다. 어리석은 군중은 왕(王)의 유능함, 왕의 야망, 왕의 신념을 볼 수 없다. 어리석은 군중은 무지에 가로막혀 진실을 보지 못한다.

> 후보자가 갖추어야 할 첫 번째 조건은 위신이다. … 후보자가 위신을 지녀야 할 필요성, 즉 사람들에게 반론의 여지를 주지 않고 자신의 의견을 받아들이게 할 수 있는 힘은 무척 중요하다. 과반수가 노동자와 농민으로 구성된 유권자들이 자신들을 대표하는 후보자를 선택하는 경우가 드문 이유는 그들의 신분에서 배출된 인물에게는 아무런 위신도 없다고 생각하기 때문이다.
> — 『군중심리』, 귀스타브 르 봉, 211p

위신은 대중을 사로잡는다. 위신이 군중의 눈을 멀게 한다. 말이 장황하고, 거칠고, 교양이 없으며 말 속에서 어떠한 종류의 역사 인식조차 발견할 수 없다고 해도 위신을 지닌 자라면 군중의 지지를 이끌어 낼 수 있다. 삶 속에서 어떤 영웅적 면모를 발견할 수 없는 데다 부도덕하고 온갖 악행과 온갖 거짓말을 일삼는 악인이라고 해도 위신을 통해 권력자가 된다. 악인은 위신을 앞세우고, 자유나 반공 따위를 외친다. 자유, 반공이야말로 시대착오적이고 허구적인 단어인데도 불구하고 어리석은 군중은 광신도$_{Fanatic}$처럼 이 말을 받든다. 자유와 반공으로 권력을 획득한 이들이야말로 자유를 파괴하고 반공의 정신을 오염시키는 이들이다. 공산주의의 붕괴란 공산주의의 반인간성, 독재, 학살, 거짓의 신봉 때문에 초래되었다. 그러나 이들이 말하는 '반공'에는 거짓과 전체주의, 반인간성에 대한 혐오가 없다. 이들의 '반공'에는 애초에 진실이 결여되어 있다. 이들은 '반공'을 말하면서 진실을 거부하고, 도리어 '전체주의'를 열망한다. 이들은 '반공'을 외치면서 정반대로 '공산주의'의 반인간성, 독재, 거짓을 전염시킨다.

정치인들이 거짓과 위선, 모함으로 가득한 언어를 구사

하는 것은 바로 군중의 속성을 알기 때문이다. 교활하고 파렴치하며 악랄해도 그가 지닌 위신이 이 모든 악(惡)을 덮는다.

> 전쟁은 사회 집단들이 지켜왔던 영토 금기라는 튼튼한 천이 폭력으로 찢겨 나가는 것이라고 정의할 수 있다. 호전적인 정책의 배후에 있는 힘은 대개 친족과 동료 부족민에 대한 개인의 비합리적으로 과장된 충성심, 즉 자민족 중심주의이다. 일반적으로 원시인들은 세계를 두 가지 가시적인 영역으로, 즉 집, 마을, 친족, 길들인 동물, 무당 등 가까운 환경과 이웃 마을, 동맹 부족, 적, 야생 동물, 유령 등 그보다 멀리 있는 세계로 나눈다. 이 초보적인 지형학은 공격하고 살해할 수 있는 적과 그럴 수 없는 동료를 더 쉽게 구분하게 해 준다..이런 대비는 적을 끔찍한 존재로, 나아가 인간 이하의 존재로 격하시킴으로써 더 선명해진다.
>
> – 『인간 본성에 대하여』, 에드워드 윌슨, 141~142p

어리석은 군중은 이분법에 열광한다. 이들은 원시 사회의 세계관에 갇혀 여전히 세상을 적과 아군으로 나눈다. 적은 끔찍한 존재, 나아가 인간 이하의 존재다. 빨갱이, 공산주의 세력, 암약하는 간첩, 중국은 적이다. 이들은 실재하지 않는 적을 가공하고, 공포를 퍼 나른다. 다짜고짜 타인을 의심한다. 이들에게는 타인을 있는 그대로 인식하는 능력이 결여되어 있다. 에드워드 윌슨에 따르자면, 이들의 심리 상태는 원시 사회에 가깝게 다가가 있다. 이들에게는 민주주의 감수성, 공존 능력이 없다.

V0과 V1

> "나는 지금 어쨌든 후보이고, 하면 안 되고 … 내가 정권 잡으면 거기는 완전히 하하하(웃음). 완전히 무사하지 못할 거야!"
>
> – 김건희 녹취, 이명재 기자 녹취록

이는 진짜 주인, 실제 지배자의 언어다. V0는 자신이 주인이고, 권력자이다. 후보는 '나'이다. 하면 안 되는 이도 '나'이고, 정권을 잡는 것도 '나'이다. V0(나)는 완전히 무사하지 못할 것을 예고한다. V0(나)는 '공존'의 파괴를 거침없이 경고한다. V0(나)의 말은 정권을 잡는 장본인이 다름 아닌 나, '자기 자신'임을 드러낸다. V0(나)는 앉은뱅이요, 주술사이지만 실제로는 권력자이다. 그는 자기 자신에게, 타인을 향해 스스럼없이 내가 권력자라고 말하는 자다.

  진짜 주인의 언어는 거침이 없다. 진짜 주인, 지배자는 말하는 데 있어 아무 제약을 받지 않는다. 좌냐 우냐, 진보냐 보수냐, 정치적 발언이냐 아니냐 식의 딱지도 붙지 않는다. 주인은 타자가 자신에게 딱지 붙이는 것을 허용하지 않는다. 주인이란, 실재하는 힘, 실재하는 권력을 가진 이다. 딱지와 낙인은 노예가 가슴에 붙이는 것이다. 딱지와 낙인을 거부할 수 없기 때문에 노예에게는 실질적인 힘, 실질적인 권력이 없다.

  주인의 언어, 지배자의 언어에는 검열과 감시가 작동하지 않는다. 헌법은 국민의 주권을 말하지만, 실제로 주인은 국민이 아니다. 국민은 딱지와 낙인을 마음대로 뗄 수 없다. 국민은 온갖 법률, 감시, 고발로부터 자유롭지 못하다. 정치인, 갖가지 이름의 법률가, 검사, 각계각층에서 힘깨나 쓴다는 이들, 재판받기나 재판 안 받기조차 좌지우지하는 권력자들은 헌법 이면의 진짜 주인, 진정한 주권자들이다. 이들의 언어는 거침이 없다. 이들은 딱지를 붙이는 자, 낙인을 찍는 자다. 이들은 역사의 지배자를 꿈꾼다. "민족 배반이 뭐 좀 어떤가, 침략이 온전히 악한 것인가, 시민 학살이 잘못인가?"라고 말한다. 이들은 계엄도 괜찮은 것이다, 라고 여기저기서 떠들고 다닌다. "사실은 계몽령이다, 어쩔 수 없는 계엄이다, 평화로운 계엄이다, 경고성 계엄이다…"라고. 이들은 주인이요, 진짜 지배자들이다.

"내가 정권 잡으면 거기는 완전히 하하하(웃음), 완전히 무사하지 못할 거야!" 놀랍게도, 윤석열 정부에서 이 말은 전부 실현되었다. 이재명은 무려 10여 개가 넘는 혐의로 기소되어 재판에 넘겨졌다. 이재명은 5개의 재판을 동시에 받아야 하기에, 많을 땐 일주일에 네 번 법원에 출석한다. 역사상 가장 오랜 수사, 가장 집요한 수사를 받은, 가장 많은 재판을 받는 최초의 인물인지도 모르겠다. V0의 권력은 전방위적으로 뻗쳐 나간다. V0의 경고대로 방통위는 '언론'의 무사$_{Safe}$를, 인권위는 '인권'의 무사를, 군과 경찰은 '국민'의 무사를, 법원과 검찰은 '진실'의 무사를 책임지고 무너뜨렸다.

주권이 국민으로부터 나온다는 건 거짓말이다. **투표는 주**

인이란 문제에 관한 한 착시 Optical illusion**를 일으킨다.** 내가 선출했다, 하는 생각이 무한 확장하여 마치 내가 주인인 양 착각하도록 만든다. 이는 환시Visual hallucination, 환각Hallucination이다. 주인은 어디까지나 말하는 자다. 주인은 태생부터 권력자이다. 정치적 중립성을 위반한다, 좌파다 혹은 우파다 하는 식의 주홍 글씨(낙인), 겹겹의 제약, 첩첩의 지배로부터 자유롭지 못한 자는 주인이 아니다. 발목이 결박된 자는 주인이 아니라 노예이다. 좌지우지할 수 있는 힘, 결정할 수 있는 힘, 참된 권력이 없는 한 국민은 주인이 될 수 없다.

발목에 쇠고랑을 찬 자, 감시받는 자, 검열받는 자, 그리하여 함부로 말할 수 없는 자는 노예다. 언론인, 모든 공직자, 교수, 교사, 노동자는 말할 수 없다. 이들은 결박되어 있다. 이들에게는 참된 권력이 없다. 진짜 주인들이 가장 먼저 한 일은 우선 시범적으로 이들의 입에 재갈을 물린 것이다. 진짜 주인은 만인을 노예로 만들고 권력을 독차지하는 세상을 염원한다. 진짜 주인은 독재자이다. 이들은 계엄을 선포한다. 이들은 다짜고짜 '계엄 면허'를 강요한다. 그러니, 민주주의를 의심하라! 헌법을 의심하라!

점진적 계엄

입벌구!

 황제 미하일 3세는 '메시소스', 즉 '술주정뱅이'라 불렸다. 우리에게도 익숙한 이름인 마리 앙투아네트는 '악녀'라는 별칭으로 유명하다. 『조선왕조실록』에 연산군은 '폐주'(廢主)로 기록되어 있다. — 그는 오늘까지도 '폭군'의 대명사다. — 입벌구, 윤석열에게 붙은 꼬리표다. '거짓말쟁이!' '진실하지 못한 자'란 뜻이리라.

- 우리 국가 안보의 핵심 축인 동맹관계를 사실과 다른 '가짜뉴스'로 이간질하려는 악의적인 행태를 보였기 때문에 … 대통령의 헌법 수호 책임의 일환으로서 부득이한 조치였다.[33]
- 바이든이 아니라 '날리면'이다, 미국 의회가 아니라 '한국 국회'를 말한 것이다, 의회면 의회지 나는 '미국 국회'라는 말을 쓰지 않는다.

 바야흐로 혼돈의 유령이 전방위적으로 위세를 떨치고 있다. 공들여 쌓아 올린 질서 체계, 가치 체계, 국가 시스템

---

33) MBC 취재진의 대통령 전용기 탑승을 배제한 이유에 대해 윤석열이 한 말

이 흔들리고 있다. 그러나 혼돈은 아무 이유 없이 오는 손님이 아니다.

- 의원이 아니라 요원이다.
- 나는 '인원'이란 말을 써 본 적이 없다!
- 계엄의 형식을 빌린 대국민 호소이다.

도대체 무엇이 진실인지 헷갈리는가? 이 암흑 상태, 혼돈의 한가운데에서 진실을 찾는 것은 우리가 져야 할 짐이다. 짐이란, 우리가 걸머지기를 부정할 수 있는 무엇이 아니다. 인간은 '짐을 나르는 짐승'의 운명을 타고났기 때문이다. 짐을 지지 않는다면, 십자가를 거부한다면 머지않아 파국, 지옥이 나를 삼킬지도 모른다.

역사학자 예후다 바우어는 말한다. "(홀로코스트의) 기본적 동기는 순수하게 이데올로기적이었는데, 이러한 이데올로기는 아리아인이 지배해야 할 세상에서 국제적으로 유태인들이 반동을 일으킬 것이라는 나치의 허황된 상상에 기반을 두고 있다. 여태까지 알려진 어떠한 학살도 이렇게 전적으로 미신, 환상, 추상적이고 비합리적 이데올로기를 바탕

으로 … 하지 않는다."(홀로코스트, 위키백과)

홀로코스트The Holocaustsms**는 점진적으로 일어났다.** 어느 날 갑자기, 즉흥적으로 발발한 사태가 아니다. 이주와 재정착, 추방, 수용소 등의 단계를 거쳐 마침내 최종 해결책Final Solution to the Jewish Question[34])이 만들어졌다. 이 해결책은 1942년 1월에 최초로 모의되어 이후 단계적으로 모두 실행되었다. 예후다 바우어가 지적했듯이 허황된 상상, 미신, 환상은 권력을 획득한 악인에 의해 현실이 될 수 있다. 전적으로 무속, 주술, 망상에 의존한 계획도 충분한 도구를 가지고 충분한 단계를 거치면 실행될 수 있다.

「쇼생크 탈출」[35])에서 암석 망치, 성경책, 밧줄은 앤디에게 탈출 도구다. 앤디는 탈옥하기 위해 도구를 준비하고 긴 시간에 걸쳐 계획을 실행에 옮겼다. '암석 망치'로 콘크리트 벽을 뚫었고, 500야드가 넘는 긴 굴을 판다. '성경책'은

---

34) '유대인 문제에 대한 최종 해결책'은 제2차 세계대전 도중 나치가 유대인을 대상으로 한 조직적 대량 학살을 말한다. 나치는 이를 통해 유대인을 체계적으로 절멸하고자 했다.
35) 스티븐 킹의 소설을 원작으로 한 영화. 쇼생크 감옥에 갇힌 앤디 듀프레인과 레드의 우정에 관한 이야기를 다루고 있다.

'암석 망치'를 감추기 위해, '밧줄'은 탈출 후 입을 '옷'을 '방수 비닐'에 담아 발목에 매달 목적으로 준비되었다. '배우의 포스터'는 구멍 뚫린 벽을 감추기 위한 것이었다. 포스터 속 인물이 리타 헤이워스에서 마릴린 먼로로, 다시 라켈 웰치 등으로 계속 바뀐 것은 오랜 시간의 경과, 보안, 치밀함을 암시한다.

> "친애하는 국민 여러분, 저는 북한 공산 세력의 위협으로부터 자유대한민국을 수호하고 우리 국민의 자유와 행복을 약탈하고 있는 파렴치한 종북 반국가 세력들을 일거에 척결하고 자유 헌정질서를 지키기 위해 **비상계엄을 선포합니다!**"
>
> – 윤석열 대통령 비상계엄 선포 담화문 중

계엄은 점진적으로 일어난 사건이다. 계엄은 오랜 기간 치밀하게 준비되었다. 도구와 실행자, 구실 등이 단계적으로 마련되었다. '북한 공산 세력의 위협', '파렴치한 종북 반국가 세력'은 계엄의 도구다. 노상원 수첩 속에 적혔듯이, '북 도발', NLL, '(북에게) 무엇을 줄 것인지' 등과 같은 기획 역시 모두 계엄을 위해 수집된 계엄 도구들이다.

- 수거 대상 확인 사살
- GOP 선상에서 피격, DMZ 공간, 바닷속, 연평도 등 무인도, 민통선 이북 등
- 수용시설에 화재, 폭파, 외부 침투 후 사살, 전문 프로가 필요
- 외부(중국) 용역업체 또는 북의 침투로 인한 것으로 정리할 것
- 무엇을 내어줄 것이고, 접촉 시 보안대책
- NLL 인근에서 북의 공격을 유도, 북에서 (수거 대상이 탄 배를) 나포 직전 격침시키는 방안
- 교도소 한 곳에 통째로 수감, 음식물, 급수, 화학약품

 노상원 수첩에 적힌 것들, 즉 수용 시설, 북(한), 배, 교도소, 화학약품(독극물)은 앤디의 암석 망치, 성경책, 밧줄과 같다. 이것들은 계엄을 일으킨 자가 계엄을 실행하는 데 있어 필수적인 것, 즉 도구였다. 암석 망치가 없이 앤디가 굴을 팔 수 없듯이, 이것들 없이는 계엄을 완성할 수 없다.

전면적인 부정

 악인(惡人)이란, 어느 경우에도 사과하지 않는 자다. 그는 명백하게 드러난 사태의 전모마저도 부정하려 드는 자다. 자기 죄를 타인에게 전가하고, 심지어 영웅 행세를 한다. 그

는 무질서와 불의를 선동한다. 악은 언제나 더 큰 악의 깊은 늪으로 빠져들어 간다.

  집권 내내 남발되었던 거부권과 은폐는 마침내 파국적인 계엄으로 종말을 맞았다. 대담한 눈으로 사건을 바라보는 독자라면, 그리 놀랍지도 않은 일일지 모르겠다. "음, 결국 대형 사고를 치고 말았어"라고 말할 수도 있다. 계엄 사태는 오랜 시간 동안 은밀하게, 점진적으로 진행된 것이다. 계엄은 '전면적인 부정'의 완결판, 나치의 '최종 해결책'이다. 계엄은 요란하고도 길었던 '공존' 거부 행진의 마침표다. '입법 독재'다! 이 주장이 고스란히 자기 자신들에게 적용될 수 있다는 것조차 이들은 모른다. '왕관'이란, 포용하고 결속시킬 책임을 떠안겠다는 약속과 같다. 삼권the Three Powers분립은 세 가지 주체가 서로 다른 장소에 서는 것을 전제로 한다. 삼권분립에서 분립(分立)은 분리와 독립성, 이 두 가지를 모두 의미한다. 분리와 독립성은 곧 '다름Difference'이다. 분립은 나와 완전히 다른, 전혀 이질적인 주체가 나와 떨어져 독립적으로 서는 것을 받아들이라는 명령이다. '공존'은 '분립'을 전제로 완성된다. 계엄 세력은 분립에 무지하다. 이들은 분립을 거꾸로 독재로 해석한다. 이들은 타자의 분리와 독립성을 '독재'로 정의하고 전면 거부한다. 나아가 분립하는 타자를 적으로 간주한다. 적에게 '북한 공산 세력', '파렴치한 종북 반국가 세력들' 같은 터무니없는 딱지를 붙인다. 이들은 낙인찍기, 레이블링Labeling[36]에 중독되거나 의존한다. 이들은 망상을 탐닉한다.

분립하는 타자를 인정할 수 없기 때문에 국회는 적이란 오명, 누명을 뒤집어써야만 한다. 북한 공산 세력, 파렴치한 종북 반국가 세력은 원시 사회의 적 개념을 계승한다. 다름과 교류할 능력이 없는 자, 분립해 독립적으로 서는 타자와 공존을 모색할 힘이 없는 자는 필연적으로 상상 속의 적을 창안해 전면전을 벌인다.

이 비극은 애초에 쓰지 말았어야 할 '왕관'을 쓴 데에서부터 시작되었다. 왕관의 무게를 견딜 수 없다면, 왕관을 받아 써서는 안 된다. 악인은 이에 대한 숙고가 없다. 그는 단지 자기 자신만이 기어코 왕관을 써야만 한다는 충동에 사로잡힌 자다. '공존'의 의지와 '공존'을 다룰 만한 능력이 결

---

[36] 사람이나 사물 혹은 현상을 짧은 단어로 묘사하는 일. 정치적으로 상대를 규정짓는 일을 뜻하기도 한다.

여되어 있는 이들이 서로 왕관을 쓰려 투쟁하면서 민주주의는 위협받는다. 무능력자, 무자격자의 권력 의지와 어리석은 군중의 무지는 언제든 우리 공동체를 지옥으로 만들 수 있다. '공존'과 '혼돈'은 동전의 양면 같은 것이다. 절대 만나지 않는 것, 단 1분도 대화할 수 없다는 적대감, 상대를 악으로 규정하고 모든 수단을 동원해 제거해야 한다는 확신은 '독재'의 멘탈리티$_{Mentality}$, 독재의 태도다. '계엄'은 이 파괴적이고 분열적인 의지와 충동의 종지부다. 계엄 세력, 계엄을 옹호하는 무지한 군중 모두 '공존'의 파괴자들이다. 이들은 '공존'을 전면적으로 거부한다.

일체의 괴기함을 두루 갖춘 악마는 채색 필사본과 프레스코화의 중심을 이루는 무시무시한 형상이기도 하지만, 그 전에 이미 은둔자들에 대한 유혹을 묘사한 글들 속에서 생생하게 제시된 바가 있었다 ... 예술가들은 악마의 추함과 그에 저항하는 은둔자의 강인함을 강조한 것이 아니라, 유혹자의 이미지와 유혹당하는 자의 감상적인 태도를 다루었다.

-『추의 역사』, 움베르토 에코, 97p

5. 계엄의 추함

수치심

가다머Hans-Georg Gadamer는 부정성이 예술에 본질적이라고 보았다. 부정성은 예술의 상처다. 이런 부정성은 매끄러움의 긍정성과 정면으로 대립한다. 거기에는 나를 뒤흔들고, 파헤치고, 나에 대해 의문을 제기하고, **너는 네 삶을 바꾸어야 한다**고 경고하는 **무언가**가 있다.

― 『아름다움의 구원』, 한병철, 17p

2024년 12월 3일 밤의 계엄은 부정성에 대한 전면전이었다. 나를 비판하는 세력, 나를 맹종하지 않고 나에게 굽신거리지 않으며 도리어 나를 향해 저항하는 세력의 제거가 계엄의 목적이었다. 윤석열은 계엄 담화문에서 이렇게 말한다. "지금 우리 국회는 범죄자 집단의 소굴이 되었고, 입법 독재를 통해 국가의 사법, 행정 시스템을 마비시키고, 자유민주주의 체제의 전복을 기도하고 있습니다. 자유민주주의의 기반이 되어야 할 국회가 자유민주주의 체제를 붕괴시키는 괴물이 된 것입니다." 윤석열에 따르면, 범죄자 집단의 소굴, 체제 전복 기도, 체제를 붕괴시키는 괴물이 계엄을 선포하게 만든 원인이다. 그는 말한다. "저는 북한 공산 세력의 위협으로부터 자유대한민국을 수호하고 우리 국민의 자유와 행복을 약탈하고 있는 파렴치한 종북 반국가 세력들을 일거에 척결하고 자유 헌정질서를 지키기 위해 비상계엄을 선포합니다."

> 살인을 저지르고 감옥에 온 사람들에게 왜 다른 사람을 해치고 심지어 죽이기까지 했느냐고 물었을 때 내가 들은 대답은 놀랄 만큼 비슷했다. "병신 취급당했다"는 것이었다. "병신 취급당했다"는 말이 얼마나 자주 쓰였는지 줄여서 말하는 은어가 생길 정도였다. … 성서는 왜 카인이 아벨을 죽였는지를 아주 명쾌하게 말한다. "야훼께서는 아벨과 그가 바친 예물은 반기시고 카인과 그가 바친 예물은 반기지 않으셨"기 때문이었다. 한마디로 카인은 '무시'당했고 카인이 '무시'당한 이유는 아벨 때문이었으며 내가 만난 살인범들과 똑같은 방식으로 카인도 무시당한 것에 분풀이를 했다.
> – 왜 어떤 정치인은 다른 정치인보다 해로운가, 제임스 길리건, 125~126p

수치심이란 자기애의 감정이 존재하지 않는 상태다. 폭력의 배후에는 언제나 수치심이 숨어 있다. **악인은 수치심의 노예다. 수치심은 폭력의 뇌관을 건드린다.** 제임스 길리건은 "폭력이 발생할 때는 수치심과 굴욕스런 경험, 또는 이런 경험을 할지도 모른다는 두려움이 반드시 작용한다."[37]라고 말한다. "폭력 문제가 나오면 모든 길은 수치심으로 통한다."[38]

"제가 국회에 예산안 기조연설을 하러 가면 아무리 미워도, 그래도 얘기 듣고 박수 한번 쳐 주는 것이 대화와 타협의 기본인데 제가 취임하고 갔더니 아예 로텐더홀에서 대통령 퇴진 시위를 하면서 의사당에 들어오지도 않아서 여당 의원만 놓고 반쪽짜리 예산안 기조연설을 했고요."[39]

범죄자 집단, 독재, 시스템 마비, 체제 전복 같은 단어는 계엄 세력이 얼마나 상처 입었는지 적나라하게 보여 준다. 계엄은 더 이상 상처 받고 싶지 않다는 선전포고이다. 이들

---

37) 『왜 어떤 정치인은 다른 정치인보다 해로운가』, 제임스 길리건, 124p
38) 『왜 어떤 정치인은 다른 정치인보다 해로운가』, 제임스 길리건, 123p
39) 헌재 윤석열 탄핵심판 7차 변론, 2025. 02. 11.

은 수치심을 견디지 못한다. 윤석열은 야당이 박수와 찬사를 보내지 않았기 때문에 상처받았다. 국회에서의 반쪽짜리 연설은 그가 깊은 수치심을 느끼게 만들었다.

"사람들은 수치심 때문에 참을 수 없이 고통스러울 때 자기 안에 있는 수치심을 남한테 떠넘겨서 수치심에서 벗어나려고 (혹은 참을 수 없이 고통스러운 수치심을 아예 처음부터 피하려고) 살인을 저지르거나 남에게 폭력을 휘두른다. 사람들이 남을 해치는 이유는, 더 약하고 수치심을 느껴야 하는 것은 내가 아니라 남임을 증명하려는 마음에서다."[40] "수치심을 느껴야 할 당사자는 내가 아니라 야당이다!" 야당은 계엄 세력에게 모욕감을 주었다. 이들은 대통령을 향해 박수를 치지 않았고, 로텐더홀에서 시위를 벌였다. 이들은 아벨이 카인에게 그랬듯이 대통령에게 수치심을 안겼다. 계엄이 아니고서는 이런 자들을 수거할 방법이 없다. 이들을 제대로 처리하기 위해서는 수거뿐만 아니라 완전한 악마화, 완전한 죄명Charge이 필요하다. 빨갱이, 공산전체주의자, 간첩이란 용어는 수치심 때문에 악에 받친 이의 욕설이다. 빨갱이, 간첩은 계엄 세력 입장에서 가장 큰 죄를 저

---
40) 『왜 어떤 정치인은 다른 정치인보다 해로운가』, 제임스 길리건, 126p

지른 자, 적이다. 수치심을 되갚아 주기에 이 죄보다 더 좋은 낙인은 없다.

폭력의 감정

계엄 세력에 부정성은 곧 적이다. 계엄 세력은 분립(삼권분립)을 알지 못한다. **이들은 분립에 관한 한 무능력자다.** 분립하는 자는 이들에게는 단지 위협이자 공포의 대상이다. 분립하는 자는 수치심을 안겨 주는 자다.

계엄은 분립이 아니라 독재 Dictatorship**를 소망한다.** 계엄이 가고자 한 장소는 내가 말하면 그저 얌전히 듣고, 부정하지 않으며 따르고 실행하는 이로 가득한 곳이다. '자유대한민국'이란 곧 나를 찬양하고 나에게 복종하는 세상이다. 나를 부정하는 이가 없는 세계, 부정성이 완전히 제거된 장소, 분립하는 자가 박멸된 곳이 계엄의 최종 목적지다. 박수 쳐 주는 사람으로 가득한 거처, 찬사와 격려를 보내 주는 공간으로 가려면 반드시 '계엄'이 필요하다.

계엄 선포자는 부정성, 상처를 극도로 두려워하는 자다.

그는 자신을 경배하지 않는 장소가 두렵다. 공손히 듣지 않는 이들이 가득한 곳, 심지어 자신을 향해 야유하는 무대 위에 그는 도저히 발을 디딜 용기가 없다. 그가 두려워하는 것은 자기 자신을 비판함으로써, 자신의 삶을 바꾸어야 한다고 경고하는 이다.

독재자Dictator는 모든 종류의 성격 장애를 아우르기를 소망한다. 그는 자기 내면에 편집성, 반사회성, 자기애성, 회피성, 의존성 성격 장애 등 전부를 총망라하기를 염원한다. **영웅에게는 이러한 성격장애가 없다. 영웅은 '부정성'을 자기 내면의 힘으로 전환하는 자다.** 영웅은 수치심 때문에 폭력을 휘두르지 않는다. 그는 외려 상처를 통해 승리자가 된다. 안중근은 부정성을 온몸으로 끌어안았다. 1908년, 그는 대한의군참모중장[41]으로서 함경북도 경흥에서 일본군을 기습 공격했고, 이들을 전멸시켰다. 민족을 도륙하고 학살한 일본군이었음에도, 안중근은 만국공법의 포로 석방 규정을 들어 생존한 소수 일본군 잔당을 살려 보낸다.

1909년 10월 26일, 안중근은 조선통감부 통감 이토 히로

---

41) 대한독립군 대한의군의 장군 격이다.

부미를 하얼빈에서 저격했고, 이 사건으로 자신을 직접 재판하려 드는 일제 법정을 부정하지 않았다. 도리어 그는 일제 법정[42]을 수용한다. 나아가 악의 중추라 할 만한 일제 법정조차 '말이 있는 공간'으로 바꾸어 놓는다. 안중근은 온갖 부정성의 화신이었던 일본의 법정에 출석한다. 그는 거부자가 아니었다. ― 그는 거부권을 모른다. 그는 구차하게 체포 적부심, 구속 취소 청구 따위를 구걸하지 않았다. 그는 도리어 악에게 당당히 자신을 내어준다. 악으로부터 입게 될 상처 따위를 두려워하지 않은 채로. 안중근은 자신을 체포하고, 재판정에 세워 제거하려 한 음모마저 받아들인다. 그는 성격 장애가 없는 자, 곧 인격의 소유자다.

'Must'와 'Must Not'

영화 「쉰들러 리스트」Schindler's list는 Must(반드시 해야 할 일)에 관한 이야기다. 사업가이자 나치 당원이기도 했던 쉰들러는 나치 학살로부터 1,200여 명의 유대인을 구한다. "학살을 눈 뜨고 지켜볼 수만은 없다", "모든 수단을 동원해 유대인을 지켜야 한다"라는 것은 쉰들러의 Must다. 나

---

[42] 1910년 2월 14일 오전 10시 30분, 관동주 뤼순 관동도독부 지방법원

치 독일의 유대인 학살은 쉰들러로서는 방관해서는 안 될 일, 결코 용납할 수 없는 일, 즉 Must Not(결코 해서는 안 될 일)이다.

영웅은 확고한 Must와 Must Not에 자신을 던진다. 그는 해야 할 일을 위해 싸우고 해서는 안 될 일을 거들떠보지조차 않는다. 영웅은 허리춤에 칼을 차고 언제든 싸울 준비가 되어 있는 전사다. 소크라테스가 그랬듯이 영웅의 기개, 용맹함, 유능함은 오랜 시간 동안 다져져 온 것, 그럼으로써 더 강력해지고 단단해진 결과물이다. 영웅은 자기 내면의 다이몬Daimon[43]을 의식하고 때가 됐을 때 자신을 제물로 바친다. 그는 모든 악에 저항하고 부조리를 폭로하며 불의에 맞서 싸운다.

영웅의 운명은 악당Villain, 악(惡)에 복종하는 이들과 대면해야 한다는 데 있다. '모략'은 영웅에게 있어 불가결의 꼬리표다. 전투에서 승리했음에도 고문을 당하고, 파직당하고, 억울하게 죄를 뒤집어쓰는 것은 그가 영웅이기 때문이

---

43) 고대 그리스 종교와 신화에 등장하는 하위 신 혹은 죽은 영웅의 영혼 등을 가리키는 말이다.

다. 어리석은 군중으로부터 마녀사냥을 당하고, 수사와 끝이 없는 압수수색을 받고, 범죄자란 낙인이 찍히는 것은 그가 진정한 영웅이라는 증거이다.

악당은 적의 극형, 적의 처벌을 도모하면서 정작 '자기 허물'은 부인하는 자다. "어찌하여 형제의 눈속에 있는 티는 보고 네 눈속에 있는 들보는 깨닫지 못하느냐!"[44] 악당은 타인 눈의 작디작은 티를 찾아내 기필코 죽이면서 자기 눈의 들보에 대해서는 규명조차 불허한다. 악당의 Must Not에는 '거짓을 말하지 말 것'이 없다. 악당은 거리낌 없이 거짓을 말한다. 악당의 Must란 '탐욕의 리스트'다. 권력 획득, 권력 유지, 권력 연장 따위가 Must인 이는 아무렇지 않게 거짓을 말한다. 그는 사과하지 않는다. 책임지지 않고, 스스로 물러서는 일도 없다. **악인은 자기 자신을 탄핵할 의지를 상실한 자다.** 국회의 '탄핵'은 악인, 악인의 거짓, 악인의 수작에 대한 불가피한 조치이다.

공동체에 들이닥친 불행, 참사, 고통을 자기 책임으로 떠안고 슬피 우는 자, 무릎을 꿇고 민중을 향해 사과하고 애통

---
[44] 마태복음 7장 3절

해하는 이를 향해 머리를 숙이는 자, 그는 어떠한 경우에도 진실을 은폐할 의지가 없다. 진실을 감춤으로써 위기를 모면하고자 하는 나쁜 꾀가 없다. 그는 간사하지 않고, 구질구질하지 않다. 그는 영웅이다.

아름다운 것은 오래도록 남는다. 이순신이 아름다운 것은 단지 그의 유능함 때문만이 아니다. 그의 진짜 아름다움은 추함에 맞서는 정신, 부정의에 단호하게 투쟁하려는 기개에 있다. 그는 옳은 것을 쟁취하기 위해 희생을 불사한 이다. 이순신의 Must에는 민족 수호, 민족정신의 계승, 체계와 시스템의 방어 등이 들어 있다.

> "소 먹이는 목자가 소떼의 수를 줄이고 상태를 나쁘게 하면서도 자기가 못난 목자임을 인정하지 않는다면 나는 놀라움을 금치 못할 것이다. 하지만 국가 지도자가 시민의 수를 줄이고 상태를 나쁘게 하면서도 부끄러워하지 않고 자신이 열등한 국가 지도자임을 인정하지 않는다면 나는 더욱 놀라움을 금치 못할 것이다."
>
> − 『소크라테스 회상록』, 크세노폰, 30p

악당은 부끄러움이 없다. 그는 자신이 열등한 국가 지도자임을 인정하지 않는다. 소크라테스는 부끄러움이라곤 없는 아테네인, 자신이 열등한 지도자라는 것을 인정하지 않는 아테네 정치인들에 의해 죽는다. 아테네의 원로원은 소크라테스를 추방하고자 했으나 소크라테스는 정반대로 아테네에서의 죽음을 선택했다. 그는 도망가는 자의 비루함, 숨는 자의 소심함에 결연히 맞섰다. 소크라테스는 온전히 자신의 선택으로 자기 자신을 탄핵하기로 결정한다. **영웅은 자기 자신을 탄핵하는 자다.** 영웅은 어느 경우에도 탄핵을 두려워하지 않는다. **그는 탄핵을 불사한다.** 영웅은 살면서 아름다움을 만들어 내고, 마지막에는 죽음마저 아름다움의 장소로 바꾸어 놓는다.

아름다움

영웅은 아름다움Beauty을 향해 나아간다. 그는 미(美)를 실현하고자 분투하고 온갖 고난과 고통을 견딘다. 그가 진실성, 선함, 평화, 질서를 숭배하는 것은 그것들이 모두 아름답다고 믿기 때문이다. 그는 존재하는 모든 추Disgrace, 추함Disgracefulness을 경멸한다. 그는 일평생 거짓, 악함, 폭력, 무질서, 증오와 싸운다. 그는 만인에게 아름다움을 선물하려 만인의 적이 되는 것을 주저하지 않는다. 잔 다르크[45]는 잉글랜드로부터 프랑스를 구한 영웅이다. 영웅적 결과에도 불구하고 잔 다르크는 프랑스로부터 버림받고 잉글랜드 종교법정에 넘겨져 화형당한다.

재판관: 어떤 상황이건 그대가 하느님의 은총을 받았다고 생각하는가?

잔 다르크: 그분의 은총을 받지 못했다면 제게 (그 은총을) 내려주시기를, 은총을 받고 있다면 그분께서 계속해 은총 주시기를! 그분의 은총 하에 없다는 것을 제가 알았다면, 저는 세상의 가장 슬픈 존재입니다.

재판관: 피고가 행한 일에 대해 교회가 내리는 결정에 승복하며 순명하겠는가?

잔 다르크: 저를 보내신 주님과 동정녀 성모 마리아와 천국의 모든 성인의 뜻에 순명하겠습니다. 저는 교회를 사랑하지만,

---

45) 프랑스 왕국 발루아 왕조 시대의 군인, 기사. 프랑스의 구국 영웅이자 가톨릭 성인, 평민 출신으로 잉글랜드 왕국과의 백년전쟁(1337~1453) 말기에 오를레앙 공방전에서 승전하여 전세를 유리하게 역전시켰다. 그의 기적적인 활약으로 인해 결국 프랑스가 백년전쟁에서 이기고, 잉글랜드를 대륙에서 축출하는 데 큰 기여를 했다. 그러나 조국 프랑스로부터 버려져 구명도 받지 못했으며, 편파적인 종교재판을 받고 화형되었다.

당신들은 저를 심판할 권리가 없습니다. 제 말과 행동은 모두 주님과 그분의 천사들에게만 호소할 뿐입니다. 오직 주님만이 저를 심판하실 수 있습니다.

재판관: 교회의 결정에 불복하겠다는 말인가?

잔 다르크: 여러분. 제가 보기엔 주님과 교회의 뜻은 하나입니다. 따라서 어렵게 생각할 필요가 하나도 없습니다. 이 문제를 어렵게 만들고 있는 것은 바로 당신들입니다.

– 피에르 코숑 주교가 이끄는 70여 명의 이단심문단에 의한 이단 재판 기록 중
(나무위키)

잔 다르크는 이단 법정이 원하는 진술(거짓 진술)을 거부한다. 잔 다르크의 진술은 진실한 것, 거짓이 없는 것, 아름다운 것이다. 잔 다르크의 변론은 말$_{Speech}$의 진정한 힘을 보여 준다. 영웅의 말은 악인들을 제압 불능, 반박 불능 상태로 만들어 놓는다.

잔 다르크는 비루하게 사느니 차라리 경건하게 죽음으로써 자기 존엄, 진실을 지키고자 했다. 그의 화형식을 지켜본 군중들, 잉글랜드 병사들, 재판관들 대다수가, 심지어 헨

리 6세[46]의 비서까지 눈물을 흘리고 탄식한다. 영웅은 드높은 이상을 끝내 지킴으로써 존귀해진다. 영웅은 적들에게도 경탄을 자아낸다. 프랑스의 샤를 7세는 잔 다르크가 죽은 뒤 25년이 지나서야 잔 다르크의 명예복권을 선언하고 복권재판을 지시했다. 1909년, 교황청은 그를 성인으로 추대했다.

영웅이란 추(醜), 추함과의 전쟁에서 이기기 위해 권력$_{Power}$을 필요로 하는 자다. 영웅에게는 자기 탐욕을 향한 목마름이 없다. 그렇기에 그는 언제든 권력을 내려놓을 준비가 되어 있다. 권력은 그저 더 큰 싸움에서 승리하기 위해 필요할 뿐이다. 그는 진실과 질서, 민족을 위해 싸우는 자다. 그에게 권력이란 너무나 무거워 걸머지고 가기조차 괴롭고 고통스러운 십자가다. 그는 십자가의 고행을 자발적으로 선택한 자, 꽃길을 거부하는 자, 언제든 자기 자신을 탄핵할 준비가 되어 있는 자다. 그가 원하는 것은 왕관이 아니다. 그는 마지막까지 아름다움, 선$_{Virtue}$을 원할 뿐이다. 악인은 '아름다움'

---

46) 백년전쟁 말기와 장미 전쟁 시기 잉글랜드의 왕. 재위 기간 동안 치른 전쟁과 정쟁으로 인해 굴곡이 많았으며 웨이크필드 타워에서 비참하게 사망하여 비운의 군주로 알려져 있다.

이 아니라 그저 왕관을 탐닉하는 자다. 악인은 '아름다움'을 보지 못한다. 그는 왕관을 지키려, 권력을 지키려, 마지막까지 비루하게 자신을 구하려 시도하나, 영웅은 정반대로 자신을 던진다. 영웅은 죽으려는 자다. 그는 생존을 구걸하는 추함을 혐오한다. 악인은 영웅의 면모를 가장하고 연기할 수 있지만 결정적으로 희생, 죽음 앞에서는 도피하는 자다. 악인이 절대 영웅이 될 수 없는 이유는 그가 살기 위해서는 타인의 죽음도 불사하는 졸렬한 인간이기 때문이다.

> '나는 우리나라가 세계에서 가장 아름다운 나라가 되기를 원한다.'
>
> — 『백범일지』, '내가 원하는 우리나라' 중

'만일 우리의 오늘날 형편이 초라한 것을 보고 자굴지심(自屈之心)을 발하여, 우리가 세우는 나라가 그처럼 위대한 일을 할 것을 의심한다면 그것은 스스로 모욕하는 일이다. 우리 민족의 지나간 역사가 빛나지 아니함이 아니나 그것은 아직 서곡이었다. 우리가 주연 배우로 세계 역사의 무대에 나서는 것은 오늘 이후다. 삼천만의 우리 민족이 옛날의 그리스 민족이나 로마 민족이 한 일을 못한다고 생각할 수 있겠는가. 내가 원하는 우리 민족의 사업은 결코 세계를 무력으로 정복하거나 경제력으로 지배하려는 것이 아니다. 오직 사랑의 문화, 평화의 문화로 우리 스스로 잘 살고 인류 전체가 의좋게 즐겁게 살도록 하는 일을 하자는 것이다. 어느 민족도 일찍이 그러한 일을 한 이가 없었으니 그것은 공상이라고 하지 말라. 일찍이 아무도 한 자가 없길래 우리가 하자는 것이다. 이 큰 일은 하늘이 우리를 위하여 남겨놓으신 것임을 깨달을 때에 우리 민족은 비로소 제 길을 찾고 제 일을 알아본 것이다.'

'나는 우리나라의 청년남여가 모두 과거의 조그맣고 좁다란 생각을 버리고, 우리 민족의 큰 사명에 눈을 떠서 제 마음을 닦고 제 힘을 기르기로 낙을 삼기를 바란다. 젊은 사람들이 모두 이 정신을 가지고 이 방향으로 힘을 쓸진대 30년이 못하여 우리 민족은 괄목상대(刮目相對)하게 될 것을 나는 확신하는 바이다.'

- 『백범일지』, '민족 국가' 중

일제의 폭력, 학살, 침탈은 추하다. 거기엔 그 어떤 미적 요소도 없다. 침략자의 침략과 부역자의 부역, 침략자의 강탈과 부역자의 친일은 추함이란 측면에서 같은 것

<small>Aesthetic</small>

이다. 이에 반해, 독립운동은 아름답다. 평화, 정의, 민족 질서 회복을 추구했다는 점에서 숭고하고 거룩하며 고결하다. 동학농민혁명, 의병 투쟁, 항일 무장 투쟁도 숭고한 것, 거룩한 것, 고결한 것으로써 아름다움으로 연결된다. 상해 임시정부의 주석 김구가 아름다움$_{Beautifulness}$을 말한 것은 우연이 아니다. 그는 문화의 힘, 즉 '아름다움'을 갈망했다. 김구의 독립운동은 '아름다움'이란 종착지를 향한 긴 여정이었다. 그는 말한다. "오직 한없이 가지고 싶은 것은 높은 문화의 힘이다. 문화의 힘은 우리 자신을 행복하게 하고, 나아가서 남에게 행복을 주기 때문이다."

촛불과 응원봉

지주가 농노를 지배하던 시절 이야기다. 지주들 가운데에는 별의별 사람이 다 있었다. 인간은 언젠가 죽는다는 사실과 하느님을 기억하면서 농노를 가엾게 여기는 지주들이 있는가 하면 인정이라고는 조금도 없는 지주들도 있었다. 하지만 그들보다 더 악랄한 자들은 농노 출신 관리인, 말하자면 보잘것없는 출신으로 귀족 대열에 오른 사람들이었다!

– 『사람은 무엇으로 사는가』, 톨스토이 단편 「촛불」 중에서, p.103

톨스토이의 단편 「촛불」은 선과 악에 대해 이야기한다. 「촛불」에서 '촛불'은 몰인정한 것, 나쁜 권력, 증오 등을 무너뜨리는 것, 악을 이기는 것이다. 「촛불」에서 '촛불'은 연약하고 바람에 흔들리지만 영원히 꺼지지 않는 것이다. 톨스토이는 '촛불'을 가장 견고하게 세워져 결코 허물어지지 않는 것, 즉 아름다운 것으로 묘사한다. 약한 촛불은 강한 악을 응징하고 처벌한다. 땅 전체에 드리워진 거악, 짙은 어둠도 촛불이 발산하는 환한 빛을 수거하지 못한다. 촛불은 악과 어둠을 이기는 가장 강력한 힘이다.

촛불 행렬은 시각적으로 아름답다. 촛불 행렬은 완전히 자유로운 상태에서조차 질서정연하고 단단하게 결속되어 있다. 완전한 자발성 위의 질서, 완전한 자유 안에서 이뤄지는 결속이 촛불 행렬의 속성이다. 촛불 행렬의 시각적 아름다움은 결사 항전 의지를 감추지 않는다. 흔들리기 쉽고 꺼지기 쉬우며 가장 연약한 것이 도리어 가장 강력한 것, 가장 압도적인 것이 된다. 촛불의 아름다움은 가장 첨예한 대립 상태, 극적인 갈등마저 축제로 전환시킨다. 촛불 행렬은 법원 난입이나 폭력, 협박 대신 고요를 자아내고, 그 고요 속에서 읊조리듯 노래를 부른다. 촛불 행렬 가운데 울려 퍼지는 노래는 평화롭고 긍정적이며 낭만적이기까지 하다. 촛불 행렬은 가장 비겁하고 불법적이며 폭력적인 힘에도 굴하지 않고 맞서는 '질서'를 보여 준다. 이러한 질서는 거악을 제압한다. 눈부신 개개의 촛불은 희망을 닮았다. 희망이란 다시 살아나는 것, 마침내 이기는 것, 싸워서 탈환하는 것에 대한 믿음이다.

계엄은 추하다. 계엄은 폭력의 가장 극적인 상태, 절정에 이른 증오를 표출한다. 폭력적인 것은 아름다움과 연결되지 않는다. 촛불의 진정한 아름다움은 비폭력, '증오하지 않음'에 있다. 촛불은 수거와 같은 목표가 없다. 반면, 계엄은 완전 무장, 헬기와 장갑차, 실탄과 구금 벙커를 동원한다. 계엄은 비화폰을 사용해 부수라고 명령하고, 끌어내라고 지시 내린다. 계엄은 사살과 수거라는 목표에 전념하는 나머지 헌법을 참고하지 않는다. 헌법 수호자가 아니라 헌법 파괴자가 되는 것을 주저하지 않는다.

촛불은 아무것도 해치지 않는다. 촛불은 처음부터 마지막까지 자기를 죽이면서 빛의 공간을 만들어 낸다. 촛불은 자기희생, 자기 소멸을 향해 나아갈 뿐이다. 자기를 죽임으로써 만들어지는 빛이 희망을 되살려 내고 민족의 결속을 다

지게 한다. 빛은 모이고 연결되고 마침내 한 덩어리가 되어 악을 물리친다. 촛불은 승리와 부활을 노래한다. 촛불은 고요 가운데 악인들을 향해 엄중하게 경고한다. 촛불은 악인을 떨게 만든다. 톨스토이가 「촛불」에서 '촛불'을 "조그만 불빛 같다"라고 말한 것은 선의 본성과 관련이 있다. '촛불'은 힘이 없으나 절대 꺼지지 않는 것, 여전히 꺼지지 않고 타는 것이다. 소작농을 괴롭히는 마름 '미하일'이 '촛불'에 대해 듣고 결국 "졌다"고 토로하는 것은 악의 죽음을 뜻한다. 악은 촛불 앞에서 패전을 예감한다.

장엄한 촛불 행렬은 하나의 문화 축제를 연상시킨다. 응원봉은 원래 축제를 위해 고안되었다. 짙은 어둠과 광란의 도가니(퇴치되지 않는 계엄의 공포) 속에서 흔들리는 응원봉은 계엄마저도 예술, 문화의 공간, 콘서트$_{Concert}$의 공간으로 바꾸어 놓는다. 응원봉은 어둠을 끝장내고 빛을 밝히겠다는 굳은 의지를 상징한다. 촛불과 응원봉은 기필코 '질서'를 되찾겠다는 결기이다.

저는 어둠 속에 있나이다. 새벽을 기다리고 있나이다. 목숨이 다할 때까지 당신에게 부르짖고 있사옵니다. 제 갈증을 축여 주시옵소서. 행복을 생각하면 저는 곧 목이 마릅니다 … . 아니면, 저는 그 행복을 가진 것이라고 생각해야 되는 것이옵니까? 먼동에 앞서서, 날이 밝아오는 것을 알린다기보다는 차라리 애타는 마음으로 날 밝기를 부르는 안타까운 새처럼, 저도 밤이 사라지는 것을 기다리지 말고 노래를 불러야 하옵니까?

- 『좁은 문』, 앙드레 지드, 192p

6. 호수 위에 떠 있는 달그림자

권력의 무게

다모클레스의 칼[47]은 교훈적이다. 권력의 무게를 견딜 수 없다면, 감히 그 자리를 수락하지 말라! 권력은 위험과 무게를 대면하라고 명령한다. 왕 디오니시오스는 왕좌 위에 칼을 매달았다. 칼은 말꼬리 털 한 가닥으로만 그 손잡이가 지탱되어 있다. 이 칼은 언제든 왕좌에 앉은 왕의 머리 위로 떨어져 왕을 제거할 수 있다.

권력 획득에 눈먼 악인은 단지 권력에 취해 엄중한 권력의 무게 따위에는 관심이 없다. 그는 오직 권력 획득 충동에 휩싸여 덥석 그 자리에 앉는다. 그는 이 무모한 충동 때문에 곧 다가올 자기 몰락을 보지 못한다.

'내가 악행을 저지르는 것은 악행을 방편으로 삼기 때문이다.'

— 윌리엄 셰익스피어, 「헨리 4세」, 27p

---
47) 권력자들이 직면하는 위험을 상징하는 말이다.

계엄 세력이 악행을 저지르는 것은 그들이 그저 악행을 방편으로 삼기 때문이다. **주권자여, 시민이여, 아무나 왕좌에 앉혀서는 곤란하다.** 악인은 계엄을 선포하고, 체포하고, 구금하고, 사살한다. 악인은 언제든 나를 '수거'하려 드는 자다. 그는 은밀하게 숨어 종이관과 영현백을 준비하는 자다. 그는 '공존'이 아니라 '죽은 시체'를 상상하는 자다. 그는 타인(국회, 선관위, 언론 등)의 분립을 지켜볼 수 없다. 국회에 무장한 계엄군을 보내고 선관위를 점거, 서버 탈취를 시도한 것은 그가 얼마나 분립을 증오하는지 보여 준다. 계몽하기 위한 계엄이라는 말은 모순이다. 계엄 세력은 타자를 계몽할 능력이 없다. 그들(계엄 세력)은 자기 자신조차 계몽되지 않은 자, 즉 한낱 계몽의 대상일 뿐이다.

일어나서는 안 될 참사가 일어나고, 밝혀져야 마땅할 진실이 도리어 은폐되는 것은 독재자가 필연적으로 가져오는 결과이다. 질서가 무너지고 땅이 폐허로 변해도 책임지는 이는 없고 오히려 무고한 이가 죄를 덮어쓴다. **독재자는 자기 자신을 탄핵할 능력이 없다.** 독재자는 탄핵을 거부한다. 그는 자기 자신을 지키려 차벽을 세우고 인간벽을 세운다. 탄핵되지 않고 살아 돌아온 자들(정부 인사들)은 삼삼오오 모여

독재자를 가운데 세워 두고 인간벽을 형성한다. 이들은 영원히 탄핵되지 않는 자, 불사신Immortal의 신분으로 우두머리 불사신을 에워싸고 지킨다. 이들의 소명은 오직 자신이 불사신이 되는 것, 자기 우두머리를 불사신으로 지키는 것뿐이다.

대화 불능

독재자는 언제나 홀로 말하는 자다. 그는 몸을 숙여 경청할 의무, 가까이 다가가 들을 의무를 거부하는 자다. 그는 대화 불능자, 소통 불능자다. 그는 타자의 말을 삼키고, 그저 혼자 말함으로써 스스로 죽음의 구렁텅이에 빠질 운명을 가진 자다. 그는 '혼자 말하기'에 중독된 자다. 그는 영원히 혼자 말하고 싶은 욕망에서 헤어 나오지 못한다.

독재자 곁에는 말할 수 없는 자만이 있다. 독재자 곁에 다가가기 위해서는 '말할 능력을 상실한 자', '소통의 기억을 잃어버린 자'가 돼야 한다. 독재자는 이런 자들을 유혹한다. 독재자 곁에는 오직 듣는 자, 듣는 척하는 자, 받아 적는 자, 받아 적는 척하는 자, 묵언 수행하는 자만이 득시글거린다. 아첨꾼, 무속인, 주술사에 둘러싸인 채로 독재자는 극한 황홀경에 빠진다. 독재자는 언어의 생기를 빨아들여, 관계를 사막화한다. 극우 유튜브에 광적으로 탐닉하면서 그의 병증은 날로 악화되어 간다. 이제는 자기 앞에서 공손히 들으려 하지 않는 자, 도리어 자신을 향해 비판하는 자를 견딜 수 없는 상태로 나아간다. 그는 자기를 향해 박수 치지 않는 곳에 걸어 들어갈 용기를 완전히 상실한다. 그는 민주주의로부터 도피한다. 그가 내릴 수 있는 결정은 계엄뿐이다.

> "제가 이 계엄을 선포하기 전까지 무려 178회를 퇴진과 탄핵 요구를 했고요. 제가 국회에 예산안 기조연설을 하러 가면 아무리 미워도, 그래도 얘기 듣고 박수 한번 쳐 주는 것이 대화와 타협의 기본인데 제가 취임하고 갔더니 아예 로텐더홀에서 대통령 퇴진 시위를 하면서 의사당에 들어오지도 않아서 여당 의원만 놓고 반쪽짜리 예산안 기조연설을 했고요."
> – 헌법재판소, 탄핵 심판 7차 변론 기일에서 윤석열 발언, 2025. 02. 11.

독재자는 '말 중독'에 빠진 자다. 독재자는 너무 말이 많다. 그는 말을 멈출 줄 모른다. 그러나 역설적으로 독재자의 말$_{Speech}$에는 설득, 소통이 없다. 그의 말은 누구에게도 가서 닿고 흔들고 전율하도록 이끌 수 없다. 그의 말은 사태를 진정시키는 능력, 화해하는 분위기를 연출해 내는 힘이 없다. 독재자는 '정치 불능' 상태에 빠진 자다.

　독재자 정부는 말 중독에 빠진 독재자를 향해 찬사를 보내는 이들로 구성된다. 계엄은 찬사의 황홀경에 빠진 자, 술에 취해 판단력을 상실한 자, 결정적으로 권력의 무게를 견뎌 낼 의지가 없는 자가 도달할 수밖에 없는 피신처다. 그는 왕국을 건설하고자 하는 다섯 살짜리 왕(王)이다. 계엄을 일으킨 자들, 계엄을 두둔하는 군중 모두 '공존'의 무능력자들이다. '공존' 능력이란 타인, 나와 다름, 이견과 반대를 전부 아우르는 기술이다. **계엄의 모의자들, 계엄의 주동자들에게는 '공존'의 DNA가 결여되어 있다. 이들에겐 상대방**$_{\text{Counterpart}}$**이 없다.** 이들은 공존을 전면적으로 부정한다. 이들은 휘파람을 불며 호수 위에 뜬 달그림자를 쫓는다. 야당 독재, 공산전체주의, 반국가 세력 등이 이들의 달그림자다. 부정 선거, 달그림자란 실체가 없는 유령이다. 이는 망상이다.

　19세기 제국주의 일본에 부역하고 민족을 배신한 이들, '공존' 범죄자들은 하나같이 '혼돈' 속에서 자기 이익을 찾아 헤맨 악인들이다. '독립군', 독립을 열망하는 민중을 적으로 둔갑시켜 수거하고자 한 이들, 해방 후 독재와 계엄, 시민 학살을 주도한 이들 모두 '공존'이 아니라 '수거'를 숭배한 자들이다. 이들은 모두 '전면적인 부정'으로 진실을 비튼 자들이다.

일본의 무력 침탈과 친일 부역 행위, 독재와 계엄, 조작과 학살을 미화하는 자의 멘탈리티 그 중심에 '혼돈'이 있다. 이들은 계엄조차도 미화한다.

비화폰, 달그림자

계엄 사냥꾼들은 비화폰으로 소통하면서 호수 위에 떠 있는 달그림자를 도륙하여 사냥에 나선 자들이다. 이들의 사냥감은 달그림자다. 도대체 왜 이런 사냥이 기획된 것인지는 아무도 모른다. 계엄의 모의, 계엄의 발단, 계엄의 이유, 계엄의 목적, 계엄의 정당성 등에 대해 아무도 모른다는 것, '무지'야말로 이 사태의 본성이다. '무지', 나아가 '총체적 무지'야말로 계엄 사태의 본질이다. 계엄 세력과 마찬가지로 이를 바라보는 관객도 '무지' 상태에 놓이는 것은 동일하다. 어리석은 군중과 선동가만이 이 무지에 흥분하고 광란의 굿판을 벌인다. '허무맹랑함'이란 바로 이러한 굿판, '무지' 때문에 일어나는 감정이다.

야구방망이, 수갑형 케이블타이, BL탄, 무장 군인과 경찰은 모두 비화폰으로 연결되었다. 국회 난입도, 선관위 서버 탈취 계획도, 체포조 운영도 비화폰이 없었다면 실행 불가능한 것이었다. 비화폰은 계엄 세력을 결속시키는 수단이다. 민간인인 노상원이 비화폰을 가진 것은 그가 이 사냥의 일원이자 핵심 사냥꾼이었다는 의미다. 그는 퇴역 군인이 아니라 계엄의 실무자, 사냥의 기획자다.

베토벤의 피아노 소나타 14번 「Sonata quasi una fantasia」는 '월광_{Moonlight Sonata}'[48]이란 별칭으로 더 유명하다. 음악평론가 루트비히 렐슈타프는 베토벤의 소나타 1악장을 듣고 이를 스위스 루체른 호수의 달빛, 그 물결 위에 흔들리는 조각배에 비유했다. 루체른 호수의 달빛은 루트비히 렐슈타프에게 그저 아름다운 것, 황홀함의 감정을 불러일으키는 것이다. 달빛에는 어떤 폭력의 가능성이 없다. 쫓는 이도 없고, 쫓기는 이도 없는 평온, 평화가 깃들어 있을 뿐이다.

---

48) 베토벤의 피아노 소나타 곡 중 하나.

> "이번 사건을 보면 실제 아무런 일도 일어나지 않았는데 지시를 했니 받았니 이런 얘기들이 마치 호수 위에 떠 있는 달그림자 같은 걸 쫓아가는 느낌을 받았다."
>
> – 헌법재판소 탄핵심판 5차 변론에서 윤석열 발언, 2025. 02. 04.

"평화로운 계엄이다." 이들은 계엄으로 초래된 무법 상태, 극도의 무질서, 가치 체계의 붕괴를 제대로 진단하지 못한다. 도널드 트럼프조차 '혼돈'의 예시로 대한민국을 정확히 지목했다. 계엄 세력은 누구나 볼 수 있는 것을 보지 못한다. "이번 사건을 보면 실제 아무런 일도 일어나지 않았는데 … 마치 호수 위에 떠 있는 달그림자 같은 걸 쫓아가는 느낌을 받았다." 그는 실상을 볼 수 없는 상태에 빠진 부주의맹, 장님 무사다. 내란 우두머리 혐의자의 독백은 이러한 자기 상태에 대한 무의식적 고해성사, 솔직한 고백이다.

칼 구스타프 융은 "어떤 행위의 목적이란 그 행위의 결과에 드러나 있다"라고 했다. 국가 시스템에 대한 전면적인 부정, 법원에 대한 테러, 폭동, 적개심의 분출은 모두 '무법 상태'를 향한다. 계엄 세력, 계엄을 지지하는 군중 모두 '무법 상태'를 목적으로 나아간다. '무법 상태'가 곧 이들의 행위의 목적지인 것이다.

> "대통령이 저한테 직접 비화폰으로 전화해 '아직 의결 정족수가 채워지지 않은 것 같다. 빨리 국회 문을 부수고 들어가서 안에 있는 인원들을 밖으로 끄집어내라'고 지시했습니다."
>
> – 곽종근 국회 증언 중

- 의결하려고 하는데 문을 부수고 들어가서 국회의원들을 끄집어내라. 안 되면 전기라도 끊어라.
- 총 쏴서라도 문 부수고 들어가 끌어내라, 계엄 해제돼도 2번, 3번 계엄령 선포하면 된다.
- 비상계엄 발표 확인했냐, 이번에 다 잡아들여서 싹 다 정리해라!

"왜 비상조치가 내려졌는지 한 번쯤 따져 봐야 한다. … 우리 헌정사에도, 세계 어느 국가에도 이런 야당은 없었다. 의회 독재의 기록이자, 입법 폭력의 증거이며, 헌정 파괴의 실록"[49]이란 말은 궤변이다. 왜 계엄을 선포할 수밖에 없었는지 따져 보자는 주장은 난센스Nonsense다. 바이러스, 병원균의 입장에 서는 것은 과학자의 소명이 아니다. 어떤 과학자

---

49) 권성동 국민의힘 원내대표, 교섭단체 대표연설에서, 2025. 02. 11.

도 바이러스를 변호하지 않는다. 과학자는 바이러스에 대한 동정이나 연민 따위가 아니라 바이러스의 완전한 퇴치에 헌신할 따름이다.

자기 외에 말하는 자가 있어서는 안 된다는 강력한 충동이, 사악한 비전이, 박수 치지 않는 공간이 일으킨 깊은 수치심이 계엄 세력으로 하여금 달그림자를 쫓도록 이끈 병원균이다. 혼자 말하는 사회, 자기 자신만이 말할 수 있는 곳이란 전체주의, 파시즘을 숭배한다. 독재자는 혼자 말하는 자로서 모든 타인, 공동체 전체를 듣기만 하는 자들로 전락시킨다. 그는 신(神)을 모방하는 자이다. 현실과 진리, 아름다움을 볼 수 없는 자, 스스로 눈을 감은 자다. 그는 신조차 경청하는 이라는 것을 모르는 가여운 장님 무사다.

악당과 어리석은 군중의 로맨스

• 부정선거, 들여다보라 했다.

악당은 타고난 배우, 연기자다. 그러나 이는 본질적으로 거짓이요, 가짜다. 실제로 자신은 그러한 인물이 아닌데도, 대중이 갈망하는 그 인물처럼 보이도록 자신을 완벽하게 위장하는 것이다. 그는 영웅의 요소를 파악하고 필요한 때 그 영웅의 이미지를 흉내 낸다. 마치 자신이 선한 목표를 가지고 있는 것처럼, 권력을 주면 이를 즉시 실행할 것처럼, 유능한 것처럼, 공감 능력을 갖춘 사람인 것처럼 행세한다. 그는 연극, 쇼show의 달인이다.

  쇼의 달인에게는 공동체를 위한 올바른 목표가 없다. 그가 살아온 흔적 그 어디에서도 타인을 위한 희생을 발견할 수 없다. 그는 타자를 위해 죽으려 하지 않는 자다. 그는 스스로 탄핵할 능력이 없다. 타고난 이기주의자이며, 무책임하고 부도덕하다. 쇼의 달인은 무능력하다. ― 이것이 최악의 요소다. ― 악당이 무능력한 것은 애초에 그에게 공동체를 위한 선한 목표가 없기 때문이다. 목표가 없으므로 어떤 실행도, 실천도 있을 수 없다. 희생이란, 굳은 목표가 있는 자가 감수하는 것이다. 악인은 희생의 이유를 찾지 못한다. 희생에 대해 완전히 무지하기 때문에 그는 책임질 줄 모른다. 악인Villain은 단지 권력 획득에 눈먼 철없는 소년이다. 악인은 약속을 남발하지만 그에게는 약속을 지킬 만한 기술이 없다. 그에게는 공존의 경험이 부재하다.

  악당은 단지 자신이 권력을 쥐고자 할 때, 그래서 대중 앞에 영웅 역할을 연기해야 할 때 자기 내면의 스위치를 켠다. 공감 스위치, 유능함의 스위치, 영웅 스위치를 켜고 마치 영웅인 듯 영웅을 모방한다. 대중이 눈앞에서 사라지면, 즉 홀로 있을 때엔 자기 손으로 이 스위치를 끄고 본연의 자기 모습으로 돌아온다. 술에 취하고, 게으르며, 타인에겐 관심조차 없는 인간으로!

  일이 잘못된 방향으로 흘러갈 땐 모든 경고도, 섬뜩한 조짐도 무시된다. 어리석은 군중은 악(惡)에 마침표를 찍는다. 이들은 악당, 비합리적이고 부도덕하며 공동체를 위한 선에는 아예 관심이라곤 없는 자를 맹목적으로 지지한다. 혼돈의 우두머리를 지키려 법질서를 뒤흔든다. 그들에게는 계엄조차도, 내란조차도 별것이 아니다. 역사적으로 볼 때, 무고한 시민을 상대로 한 대학살, 간첩 조작, 색깔론 선동 등은 모두 이들, 즉 악당과 어리석은 군중의 결속의 작품이다. 이들은 증오와 파괴적 욕망의 현현이다. 독재를 염원한다는 점에서 이들은 민주주의의 적이다.

자, 너희 악령들아, 흉계 따라 나를 지금 탈성시킨 다음에 최악의 잔인성을 머리끝에서 발끝까지 가득히 채워다오! 내 피를 탁하게 만들어 동정심의 접근과 통로를 막아다오. 그래서 본성 중의 측은심이 날 찾아와 잔인한 내 목표가 흔들지 않도록. 그것이 달성될 때까지 편하지 못하도록! 내 가슴의 담즙 젖을 빨아라, 살귀들아. 안 보이는 몸으로 어디에서 너희들이 자연의 악행을 시중들든! 오 너라 짙은 밤아, 지옥의 가장 검은 연기로 네 몸을 휘감아 내 칼이 내는 상처 내 칼이 못 보도록, 하늘이 어둠의 장막 새로 엿보고 '멈춰라!'고 외치지 못하도록!

- 『맥베스』, 윌리엄 셰익스피어, 32~33p

7. 이번에 다 잡아들여서 싹 다 정리하라!

계엄은 도피다

 계엄을 선포하는 데 가담한 이들의 심리엔 도피의 충동이 담겨 있다. 계엄 실패 후 계엄을 옹호하는 모든 이(윤석열이 계엄을 선언할 수밖에 없었다고 말하는 자들)들은 심리적으로 도피자들이다. 이들에겐 오늘 들이닥친 문제를 정면으로 응시하고 다룰 만한 의지가 없다. 고난을 해결하고 더 높은 수준의 질서를 건설해야 한다는 책임 의식이 결여되어 있다. 이들은 쏟아지는 증거를 부인하기에 급급하다. 마침내 만인이 지켜본 계엄 사태, 이 재앙이 초래한 결과조차 부정한다.

 계엄은 '평화적 공존', '타인과의 아름다운 결속'으로부터의 도피다. 이는 기괴하고 기상천외한 행동이다. '공존'은 고도의 기술, 경험, 유능함을 요구한다. 상대를 만나지 않는 자, 거부하는 자, 증오하는 자는 근원적으로 '공존'을 도모할 수 없다.

  프랑스 루이 16세의 멘탈리티는 도피자의 멘탈리티이다. 루이 16세의 반역죄는 그 유명한 '바렌 도주'[50]로 촉발되었다. 역사로부터의 도피, 책임과 의무로부터의 도피는 역설적으로 프랑스 민중을 분노하게 만들었다. 루이 16세는 프랑스 민중의 배신자였다. 그는 단두대에서 목이 잘림으로써 배신의 대가를 치렀다.

  히틀러는 자기 머리에 방아쇠를 당김으로써 역사로부터 도피했다. 그가 마지막까지 회피한 것은 사죄다. 그는 자기 손으로 자기 몸에 카인의 표식을 달고 영원히 자기 자신을 도피시킨 희대의 도주자다.

> 악인이 죄악을 해산함이여, 잔해를 잉태하여 궤휼을 낳았도다. 저가 웅덩이를 파 만듦이여, 제가 만든 함정에 빠졌도다. 그 잔해는 자기 머리로 돌아오고 그 포학은 자기 정수리에 내리리로다!
>
>   - 시편 7장 14절~17절

---

50) 프랑스 혁명의 주요 사건으로, 신변에 위협을 느낀 루이 16세가 합스부르크 제국으로 도주하여 혁명에 대항해 반혁명 전쟁을 일으키려다 붙잡힌 사건이다.

싹 다 정리하라

- 국무회의 요건을 갖추지 않았다고 생각한다.
- 나는 절대 계엄에 동의하지 않았다.
- 계엄을 실행할 의지도 없었고 그렇기에 바로 해제한 것이다.

    방조Aid and abet란 '편의 제공 행위'를 뜻한다. 계엄의 조언, 격려, 계엄 도구 대여, 장소나 자금의 제공 등은 모두 계엄 방조 행위다. 계엄의 길을 터 준 모든 행위는 방조다. 계엄을 선포하러 가는 자를 막아 세우지 않은 것, 계엄 행위의 부당성을 폭로하고 즉시 실질적인 계엄 반대 행동에 나서지 않은 것, 그것 자체가 이미 계엄에 대한 '편의 제공 행위'다. 한나 아렌트가 말한 '악의 평범성'[51]이란 방조와 깊은 관련이 있다. '악의 평범성'은 나를 무기력 상태로 빠뜨린다. '악의 평범성'은 나 자신을 아무것도 할 수 없는 상태, 실질적으로 막아 세우지 못하는 나약해 빠진 상태, 정면으로 반대할 수 없는 무기력한 상태로 잡아끈다. '악의 평범성'은 나 자신을 방조로 이끌고 방조자로 전락시킨다.

---

51) 악의 평범성(banality of evil)은 한나 아렌트가 제시한 개념이다. '악'은 '악한 마음'에서 비롯된 것이 아니라 그의 '생각 없음', 무사유(thoughtlessness)에서 생겨난 것이라는 의미다.

방조란 결코 '실질적인 방어', '실질적인 반대', '실질적인 무력화'까지 나아가지 못한다. '방조 투쟁'이란 말이 없는 이유는 방조가 결코 싸우는 것, 막는 것, 지키는 행위가 아니기 때문이다. '독립 투쟁'은 방조와 확연히 다른 것이다. 독립 투쟁은 방어, 반대, 무력화 투쟁이다. '해방 투쟁', '반독재 투쟁'에서 투쟁이란 실질적인 반대, 실질적인 무력화를 목표로 싸운다는 것을 뜻한다. 방조하는 자란 본질적으로 반대할 수 없는 자, 싸우지 않는 자를 가리킨다. 방조자란 곧 무기력한 자, 무책임한 자, 행동하지 않는 자다. 악에 맞서 싸울 의지를 상실했다는 점에서 방조자는 이미 도피자, 도주자다.

　계엄 방조는 가장 큰 범죄 행위에 대한 방조로써 일반적인 방조와는 차원이 다른 배신 행위다. 계엄 방조란 헌법 위반에 대한 방조, 민족정신 배반 행위에 대한 방조, 나아가 역사 파괴에 대한 방조다. "나는 계엄에 동조한 것이 아니라 계엄에 반대했다"라는 말은 모순이다. 이는 단순히 자신의 도피 행각, 도주 행각을 부인하는 말에 지나지 않는다. 나는 계엄의 동조자가 아니라는 국무총리와 장관의 말은 자기 모순이다. 그들은 전력을 다해 싸우지 않았다는 점에서, 실질적으로 막아 세우지 못했다는 점에서 이미 동조자, 방조자다. 그들은 '악의 평범성'의 노예다.

"싹 다 잡아들여라", "싹 다 정리하라"는 곧 수거를 의미한다. 그러나 싹 다 잡힌 것, 싹 다 정리된 것은 도리어 계엄 세력이다. 이들은 영현백과 종이관까지 준비하면서 전면전을 감행했지만 결정적으로 역사에 무지했다. 이들은 국회로 뛰어나올 준비가 되어 있는 민중, 국회 본회의장으로 담을 넘어 들어갈 의지를 지닌 국회의원, 체포 명단을 적다가 이상함을 감지한 국정원 고위 책임자 등을 예견하지 못한다. 이들은 민족의 고유한 정신, 조상 대대로 내려오며 쌓인 잔재들의 합, 곧 민족정신을 알지 못했다. 이들은 진정으로 국민을 이끌고 가는 힘, 운명을 지배하고 있는 불가사의한 지배자들과 완전히 유리된 자들이다. 이들은 역사 문맹이다.

2023년 12월 3일 밤에 진눈깨비가 내리지 않았다면, 기상이 악화되지 않았다면, 계획한 대로 시간의 지연 없이 군과 경찰에 의해 계엄이 실행되었다면, 그 결과는 어떻게 됐을까?

'포고령 위반자에 대해서는 대한민국 계엄법 제 9조(계엄사령관 특별조치권)에 의하여 영장없이 체포, 구금, 압수수색을 할 수 있으며, 계엄법 제 14조(벌칙)에 의하여 처단합니다.'

- 「계엄사령부 포고령」(제1호), 2024. 12. 3., 계엄사령관 육군대장 박안수

포고령 위반자, 영현백 안에 담겼을지 모를 시신, 종이관 속에 들어가야 했을지 모를 이들의 모습은 계엄 사태를 극적으로 이미지화한다. 역사 속에서 이미 너무 많은 영혼이 사살되고 희생되었다. 악인은 불현듯 나타나 역사적 사살을 꿈꾼다. 질서, 민족정신은 사살된 이들의 희생 위에 지어진 성이다. 계엄은 이 집을 다시 허물려는 시도다.

본래 계엄이란, 혼돈의 해독제로써 고안되었다. 계엄의 목표는 느닷없이 발생한 혼돈을 빠른 시간 내에 정리하고 질서를 회복하는 데 있다. 오직 전시에만 발동됨으로써, 전쟁을 조기 종료시키고 속히 평온을 되찾기 위한 최후의 수단인 것이다.

평온한 때의 계엄이란 언어도단이다. 평온한 때의 유일한 목표는 그 평온을 유지하고, 더 높은 수준의 평온을 추구하

는 것뿐이기 때문이다. 단언컨대, 평온한 때의 계엄이란 그저 반역, 배신일 뿐이다. 어쩔 수 없는 계엄, 계몽을 목표로 한 계엄, 경고성 계엄, 평화로운 계엄이란 말은 명백한 모순이다. 계엄이란 애초에 계몽이나 경고 따위를 위해 고안되지 않았다.

역사적으로 볼 때, 혼돈은 악인(惡人)의 전유물이었다. 히틀러와 스탈린은 혼돈의 상징적 인물이다. 이들이 일으킨 전쟁, 살육, 대학살, 폭력은 혼돈이 과연 어디까지 나아갈 수 있는지 분명하게 보여 준다.

'게토'와 '굴라크'

악인은 혼돈에 기생하는 자다. 악인은 혼돈을 일으키고 지속함으로써 생존한다. 악인의 권력은 혼돈의 권력이다. 혼돈을 지지하고 옹호하고 떠받드는 이들, 마치 혼돈쯤은 감내해야만 하는 것처럼 떠드는 이들은 혼돈의 부역자다. 12·3 계엄 해제 후 용산 관저 앞에서 계엄을 두둔한 극우 집회자들, 법원 문을 부수고 난입한 폭도, 여기저기서 계엄의 정당성을 주장하는 정치가들 모두 혼돈의 추종자들이다.

이들의 멘탈리티는 혼돈을 찬양한다는 점에서 친일 부역자, 독립군 암살자, 독재와 학살, 조작을 찬미하는 자들의 멘탈리티와 동일하다.

혼군, 암군, 폭군은 모두 혼돈의 창조자들이었다. **게토Ghetto는 독재자의 꿈이다. 굴라크Gulag는 전체주의, 파시즘의 꽃이다.** 독재자는 망상 속 적을 게토나 굴라크에 가두고, 분리하고, 마침내 처단한다. 게토와 굴라크에는 '공존'이 스며들 공간이 없다.

> "저는 북한 공산 세력의 위협으로부터 자유대한민국을 수호하고 우리 국민의 자유와 행복을 약탈하고 있는 파렴치한 종북 반국가 세력들을 일거에 척결하고 자유 헌정질서를 지키기 위해 비상계엄을 선포합니다."
>
> – 12·3 계엄 선포 담화 중

게토Ghetto, 굴라크Gulag의 이분법은 독재자의 생존 방식이다. "나는 옳고 적은 다 범죄 집단이다"라는 것은 전형적인 독재자의 정의론이다. 독재자에게 적이 존재하지 않는다면, 그는 가공하고 조작해서라도 적을 창조한다. 이들은 자기 자신을 구원하기 위해 반드시 적을 필요로 한다. 빨갱이, 종북, 공산전체주의란 모두 망상의 언어, 독재자의 언어이다. 실체가 없는 이름, 유령~Apparition~(허깨비, 환영)이다.

- 빨갱이다!
- 빨갱이일지 모른다!
- 빨갱이가 암약하고 있다!
- 빨갱이가 암약하고 있을지 모른다!
- 종북주의자, 반국가세력이다!
- 종북주의자, 반국가세력일지 모른다!

체포조, 체포 리스트, 'B1 벙커'는 게토이자 굴라크다. 적이 섬멸되지 않는 것은 끊임없이 적이 암약하기 때문이 아니다. 섬멸되지 않는 것은 적이 아니라 악인~Villain~ 자신이다. 영원히 섬멸할 수 없는 것은 악인의 자기 망상이다.

내가 왜 이 모든 걸 네게 쓰고 있는지 알겠니? 나는 끔찍한 상황 속에서도 결코 절망하지 않았다는 것을 네게 확실히 말해주기 위해서야. 그러한 생활은 오히려 나의 인격을 더욱 강건하게 만들어주었다. 모든 것이 사라지고 또는 사라지는 것처럼 보일 때 사람은 일로 돌아가서 밝은 사고방식을 갖고 처음부터 시작해야 한다고 믿는다. 사람은 항상 자기 자신과 자신의 활력을 믿어야 하고, 실망하는 경우를 피하기 위해 어느 누구에게서도 무언가를 기대해서는 안 된다고 나는 믿는다. 사람은 자신이 할 줄 알고, 할 수 있는 일만을 시작해야만 한다. 자신만의 방법을 찾으면서 말이야. 도덕적으로 나의 위치는 우월하다. 어떤 이들은 나를 악마 같다고 말하고, 어떤 이들은 성인 같다고 말하지만 나는 순교자나 영웅 행세를 할 의도가 전혀 없다. 나는 나 자신을, 세상에서 자기가 깊은 확신을 갖고 있는 것을 헐값에 팔아넘기기를 거부하는 한 평범한 인간이라고 생각한다.

- 『감옥에서 보낸 편지』, 안토니오 그람시, 141p

8. 정치하지 마라!

정치하지 마라!

"여러분, 사람 대접을 받고 싶으십니까? 의리 있는 사람이 되십시오. 여러분이 사람 대접을 받고 싶으면 의리가 있어야 합니다. 그 사람들이 구속될 때 누구를 위해 구속됐는가? 자기 혼자 잘먹고 잘살려고 구속되었습니까?"

- 자료, 사람 사는 세상, 노무현, 1987년 어느 파업 현장에서

"정치, 하지마라." 이 말은 제가 요즘 사람들을 만나면 자주 하는 말입니다. 농담이 아니라 진담으로 하는 말입니다. 얻을 수 있는 것에 비하여 잃어야 하는 것이 너무 크기 때문입니다. … 이웃과 공동체, 그리고 역사를 위하여, 가치 있는 뭔가를 이루고자 정치에 뛰어든 사람이라면, 한참을 지나고 나서 그가 이룬 결과가 생각보다 보잘 것 없다는 것을 발견하게 될 것입니다. 열심히 싸우고, 허물고, 쌓아 올리면서 긴 세월을 달려

왔지만, 그 흔적은 희미하고, 또렷하게 남아 있는 것은 실패의 기록 뿐, 우리가 추구하던 목표는 그냥 저 멀리 있을 뿐입니다. 저는 언제 이 실패의 이야기를 글로 정리해 볼 생각입니다.

– 사람 사는 세상 노무현재단 사료관, '정치하지 마라' 중,
노무현, 2009. 03. 04.

노무현의 말은 아프다. 나의 고난, 내가 감당해 온 역경이 전부 쓸모없을 수 있다는 경고이기 때문이다. 영웅은 잃게 될 것, 실패할 것을 다 알고서도 싸움에 뛰어든다. 영웅이란, 어떠한 경우에도 승리에 대한 희망을 잃어버리지 않는 자다. 그는 한 줌의 희망만을 가지고도 억겁의 고난을 온몸으로 끌어안는다.

영웅의 좌절이란 실패 그 자체가 아니라, 실패의 의미가 없을 때 찾아온다. 실패했어도 희망이 사라지지 않을 때, 비록 졌더라도 여전히 승리의 기운이 남아 있을 때 영웅은 좌절하지 않을 수 있다. 좌절이란, 희망이 보이지 않을 때 오는 무력감이다.

영웅의 성공도, 영웅의 실패도 모두 가치 있는 것은 그것

이 곧 역사이기 때문이다. 영웅의 성공과 마찬가지로 영웅의 실패도 숭고하다. 영웅은 죽음까지 불사하고 희망을 남기는 자다. 영웅의 고결함과 드높은 이상이야말로 민족정신의 본질이다. 법은 무지와 증오로 영웅을 감옥에 가두지만, 역사에서 가둬지는 영웅은 없다. **영웅은 역사라는 무시간성, 무소성의 광장에서 영원히 빛나는 별이다.**

"The buck stops here!"

"모든 책임은 내가 진다!" 조 바이든 전 미국 대통령이 윤석열에게 선물했다는 팻말 문구이다. 문제는 이를 증명하는 것이다. 책임을 짊어질 수 있는 사람이란, 과거에 성실하게 책임을 짊어져 온 이뿐이다. 책임을 맡길 땐, 그 책임을 맡을 만한 능력을 이미 증명한 이를 골라야 한다. 총을 든 5살짜리 아이, 부주의맹, 장님 무사는 한 줌의 졸개들을 데리고 지옥을 만든다.

"The democracy stops here!"(민주주의를 끝내겠다!")

성경 속의 예수가 지구에 와서 한 일은 '죽은 것'(십자가 처형)이다. 성경은 다음과 같이 말한다.

> 내가 진실로 진실로 너희에게 이르노니 한 알의 밀이 땅에 떨어져 죽지 아니하면 한 알 그대로 있고 죽으면 많은 열매를 맺느니라. 자기의 생명을 사랑하는 자는 잃어버릴 것이요, 이 세상에서 자기의 생명을 미워하는 자는 영생하도록 보전하리라.
>
> – 요한복음 12장 24~25절

"한 알의 밀이 땅에 떨어져 죽는다면 많은 열매를 맺게 된다." 죽음을 불사하지 않으면, 고귀한 것을 얻을 수 없다. 죽고자 하는 마음으로 한다면, 나를 살릴 뿐만 아니라 때로 타인, 더 나아가서는 공동체를 살릴 수 있다. '죽음을 불사하는 것', 이는 영웅의 조건이다. 희망이 없는 사회란 더 이상 영웅이 존재하지 않는 사회다. 고귀한 정신이 박멸된 사회, 죽음을 불사하는 이가 멸종한 사회는 죽은 사회다.

자기희생

영웅의 삶엔 특별한 요소가 깃들어 있다. 즉, 자기희생이다. **영웅이란 근본적으로 도피자가 아니다. 그는 자신의 책**

임 범위를 무한 확장하는 자다. 그는 자신이 책임지지 않아도 될 것까지 끌어안고 고통스러워한다. 이러한 영웅의 비범함은 평범한 인간들이 감히 엄두조차 낼 수 없는 것, 초월적인 것이다. 이들은 언젠가 들이닥치게 될 순간, 자신을 던지고 기꺼이 제물이 되어야 할 때를 기다린다. 그는 스스로 제물이 되는 것을 두려워하지 않고, 도리어 그것을 온전히 자신의 십자가로 받아들인다. **그는 자기 자신을 탄핵한다.**

악인은 영웅을 제거하는 데 전력을 낭비한다. 영웅에 대한 악마화, 척결하고자 하는 시도, 수거는 악인에게는 필연적이다. 그는 영웅에 대해 수치심을 느끼는 자다. 그는 수치심에서 벗어나고자 사살을 기획한다. 어리석은 군중은 이 게임에 참전해 돌을 던지고, 광기에 사로잡혀 마녀사냥과 여론재판을 벌인다.

영웅이란, 고통을 견디는 자다. 그는 어떤 경우에도 권력, 폭력, 칼로 싸우지 않는다. **영웅은 말하고 글 쓰는 자다.** 영웅의 유일한 무기는 칼이 아니라 말이다. 영웅이 제물이 되고, 희생되는 구조란 언제나 이러한 '무기의 비대칭성'에 기인한다. **칼**~Violence~**은 어리석은 군중을 광분하게 만들어 영웅**

의 말Speech을 제압한다.

여러분은 머지않아 도시가 잉글랜드 군에게 포위될 것이라는 불안한 마음을 저에게 편지로 보내셨습니다. 그러나 제가 적군과 마주치는 한 그런 일은 결코 없을 것입니다. 적이 먼저 공격해 오면 성문을 굳게 닫고 제가 올 때까지 안심하고 기다려 주십시오. 설사 도시가 포위되더라도 반드시 적들을 격퇴하여 도시를 해방시킬 것입니다. 오늘 쉴리에서 여러분에게 좋은 소식을 전하고 싶습니다만, 이 편지가 적의 수중에 들어갈까 염려되어 이만 줄입니다.

- 1430년 3월 16일, 잔 다르크의 편지(위키백과, 잔 다르크)

"누구든지 자기 목숨을 구하고자 하는 사람은 잃을 것이요, 나 때문에 자기 목숨을 잃는 사람은 찾을 것이다." 마태복음에 나오는 이 구절은 영웅에 대한 묘사다. 영웅은 자기 목숨을 구하고자 하는 사람이 아니라 타자, 민족, 역사 때문에 자기 목숨을 잃는 자다. **'자기 희생'이란 영웅의 표상, 영웅의 증거이다.** 영웅에게 권력이란 곧 죽음이다. 자신을 온전히 버리고, 통합과 선한 목표의 성취를 위해 헌신하는 것, 죽음도 불사하는 것, 그것이 영웅의 권력이다. 정적의 공격을 받아 억울한 죽음을 맞이하는 것은 영웅에게 흔한 일이다. 영웅은 이를 알면서 앞으로 나아간다. 이러한 음모, 모함, 계략, 정치적 박해를 운명으로 받아들인다. 희생이란, 영웅에게 있어 열매를 맺는 데 있어 불가피한 것이다. 영웅은 기꺼이 희생을 감내한다.

영웅은 의(義), 역사적 질서를 위해 자신의 죽음을 불사한다. 영웅의 삶이란 대개 죽고자 걸어온 길, 희생으로 점철된 사건의 연속이다. 그렇기 때문에 영웅에겐 이야기$_{story}$가 가득하고 그에 대한 증언이 풍부하다. 악당에겐 이야기$_{story}$가 없다. 그의 희생적인 삶을 증언해 줄 증인$_{witness}$이 없다. 악당이 작은 일화를 '과장'하거나 '과대 포장'하는 일은 우연이 아니다. 그는 자신과 얽힌 한 사건을 부풀려 영웅담으로 꾸미고 미화한다.

한 알의 밀이 땅에 떨어져 죽지 아니하면 한 알 그대로 있는 것과 마찬가지로 죽으려 하지 않는 자, 죽을 수 없는 자, 죽을 마음이 없는 자는 근원적으로 열매를 맺을 수 없다. 그가 열매를 맺지 못하는 것은 그 자신이 결코 죽지 않기 때문이다. 그는 필연적으로 사과하지 않는 자이고, 그 누구도 진심으로 위로할 수 없는 자이다.

신정아는 그의 책 『4001』[52]에서 윤석열에 대해 이렇게 회고했다.

> 그는 "윤(윤석열) 검사는 원하는 답이 나오지 않자 얼굴을 붉히며 소리치고, 비아냥거리고, 손가락질했다"고 적었다. 이어 "'변양균이 권력을 이용해서 널 이용한 것'이라고 이간질하면서 '이렇게 비협조적이면 평생 감방에서 썩게 하겠다'고 했고, 나는 너무 무서워서 의자에 앉은 채로 소변을 봤다"고 덧붙였다. 신 전 교수는 "당연히 발부될 줄 알았던 영장이 기각되자, 윤 검사는 '다음번에 처넣을 테니 너무 좋아하지 마'라고 했다"고 밝혔다. 또 "검찰 조사를 겪으며 왜 분노와 수치심으로 살인 사건이 나는지, 자살은 왜 하는지 이해할 수 있었다"면서 "구속 상태여서 자살 시도조차 어려웠다. 수치와 고통으로 차라리 사형 선고가 나길 바랐다"고 토로했다.
>
> – "윤석열 검사 너무 무서워, 죽일듯 달려들어"…신정아 회고 재조명, 매일경제, 김혜진, 25. 01. 18.

---

[52] '4001'은 신정아가 실형을 선고받은 후 1년 6개월간 복역하며 가슴에 달았던 수인 번호로 자기 참회의 뜻을 표현한다.

윤석열이 검사로 재직하면서 뿌린 악의 씨앗은 열거하자면 끝이 없을 정도이다. 악인의 삶, 악인의 이력이란 열매 맺을 수 없는 자의 미담이다. 이 미담은 진정한 의미에서의 '이야기'가 아니다. 이 미담은 추하다. 전율과 감동이 없는 것, 아름다움이 없는 것, 꾸며진 것, 과장된 것, 포장된 것, 즉 가짜다. 악인의 영웅담은 역사, 민족정신 바깥에 떠도는 바이러스에 관한 것이다. 악인의 영웅담이란 어느 경우에도 죽지 않는 것, 죽음을 거부하는 것, 희생 없는 것이다.

한 가지 방법은 이성적이고 공익적인 의미를 두어서 자기 자신의 이익으로도 해석하는 것입니다. 다시 말해 우리가 모두 도덕적 규범을 지킨다면 서로를 적대시하는 혼란 속에서보다 자기 결정력을 행사할 수 있는 여유 공간이 커지므로 결국 각자에게 모두 이득이 된다고 보는 것입니다.

(...)

이러한 종류의 만남 안에서는 복합적이고 깊은 도덕적 감수성이 발전할 수 있습니다. 이는 서로를 이용하기만 하려는 적수들 사이에서는 불가능한 관계입니다. 도덕적 친밀감이 있는 만남에서는 분노와 원망, 도덕적 수치심, 후회 같은 감정도 일어나긴 하지만 또한 의리나 상대방의 도덕적 숭고함에 대한 감탄 같은 감정도 일어납니다.

-『자기 결정』, 페터 비에리, 33p

9. 악은 악을 눈감아 준다

네가 땅에서 저주를 받으리니 네가 밭 갈아도 땅이 다시는 그 효력을 네게 주지 아니할 것이요, 너는 땅에서 피하며 유리하는 자가 되리라. 카인이 여호와께 고하되 내 죄벌이 너무 중하여 견딜 수 없나이다!

– 창세기 4장 11절~13절

관용의 수혜자들

카인은 처벌을 두려워한다. '살인에 대한 응징은 오직 죽음뿐'이라는 것을 그는 알았다.

… 무릇 나를 만나는 자가 나를 죽이겠나이다. 여호와께서 그에게 이르시되 그렇지 않다. 카인을 죽이는 자는 벌을 칠배나 받으리라 하시고 카인에게 표를 주사 만나는 누구에게든지 죽임을 면케 하시니라.

– 창세기 4장 14절~15절

카인은 관용의 수혜자다. 살인죄를 저질렀으나 표식을 받고 죽음을 면할 권리를 얻는다. 카인은 법적으로도, 도덕적으로도 용서받을 수 없는 자였다. 우리는 무엇까지 관용할 수 있는가? 어디까지 관용해야만 하는가? 이 질문은 도덕과 법률, 나아가 역사에 관한 문제다. 범죄 그 자체보다 관용에 대한 정의가, 처벌보다 용서의 한계가 더 중요하다. 관용에는 분명한 경계가 있어야 한다. 이는 질서의 바탕이 되기 때문이다. 그릇된 관용은 악에 대한 처벌을 원천적으로 불가능하게 만든다. 그릇된 용서는 올바른 증오조차 불능 상태로 만든다. 침략을 관용하는 결정은 상상할 수 있는 모든 범죄를 관용해야 하는 지옥을 낳는다. 독재와 학살, 계엄을 관용한다면, 어떤 범죄도 처벌할 수 없는 무기력 상태가 초래된다. 가장 큰 범죄를 용인한다면, 그 아래 있는 모든 종류의 크고 작은 범죄를 전부 용인해야 하는 굴레에서 벗어날 수 없게 되는 것이다.

진정한 관용이란, 엄정한 불관용으로부터 출발한다. 선, 경계, 한계선이 없다면 이미 무질서의 지옥으로 빠져든 것이나 다름없다. 큰 범죄엔 큰 처벌을, 작은 범죄엔 작은 처벌을, 그리고 무고한 자에게는 관용을!

'인간은 사회적 책임으로 연결된 촘촘한 관계망 속에서 살고 있기에 하기 싫어도 해야만 하는 임무가 있다. 그 임무를 완수할 책임이 있고, 그 책임을 다하기 위해 애써야 한다. 그렇다고 순종적이고 얌전한 강아지처럼 굴라는 말은 아니다. 그런 역할은 독재자가 노예들에게나 강요하는 것이다.'

- 『12가지 인생의 법칙』, 조던 피터슨, 141p

 책임진다는 것은 하기 싫어도 하는 것, 해야만 하는 것을 의미한다. 이러한 책임의 완수, 임무의 완수는 나 자신을 위해, 공동체와 민족을 위해 이로운 일이다. 반대로, 책임을 부정하는 것은 모두에게 해악을 끼칠 수 있다. 악을 처벌하고, 합당한 책임을 지게 만들어야만 질서를 바로 세울 수 있다. 이러한 시스템이 고장 나면 혼돈의 폭풍이 서서히 스며든다. 법과 역사, 질서 전체가 오리무중에 빠진다. "아무나 용서해 주어서는 곤란하다!" "그릇된 관용은 힘겹게 구축해 놓은 질서를 교란시킨다." 관용을 남용하면, 역설적으로 그 무엇도 관용할 수 없는 상태에 빠진다. 불관용이 분명하게 서 있어야, 관용도 작동한다. 독재와 계엄을 처벌할 수 없게 된 것은 그 이전의 악, 즉 침략 행위, 침략자에 대한 부역 행위를 용서했기 때문이다. 악에 대한 관용은 또 다른 악에 대한 관용이란 문을 열어젖힌다.

부활이란, 악인, 악당Villain이었던 나를 죽이고, 새로운 나 자신으로, 영웅으로 다시 태어나는 것이다. 내 안에 웅크린 채 숨죽이고 철썩 들러붙어 있던 잔인함, 탐욕, 이기주의 등을 제거하고 이것들과 영원히 작별하겠다는 선언은 나 자신을 고귀하고 올바른 길로 나아가도록 이끈다. 영웅이란 악의 요소랄 게 전혀 없는 완전무결한 상태를 의미하지 않는다. 오히려 그 반대다. 영웅은 내면에 잠재하고 있는 악을 인지하고 자기 안의 파괴성, 괴물성을 도리어 올바른 일을 행하는 데 필요한 용기와 기개로 전환한다. 이러한 심리적 부활, 역사적 체험이야말로 진정한 영웅을 만들어 낸다.

영웅은 용서하지 않는 자다. 그는 침략을, 침략자에 대한 부역 행위를 용서하지 않는다. 그는 독재를 거부한다. 그는 계엄과 사살의 의지에 철퇴를 내리는 자다. 영웅의 엄정한 불관용은 질서와 관련이 있다. 악에 대한 불관용이 없다면, 질서를 바로 세울 수 없다.

나는, 여러분은 명백한 악행, 부정할 수 없는 패륜과 배신 범죄도 용서할 수 있는가? 대학살과 독재, 조작과 거짓 선동조차 관용의 대상이 되는가? 역사는 우리 모두에게 질문한다. 용서할 수 없는 것에 대한 용서, 관용해서는 안 될 범죄에 대한 관용은 질서를 허무는 일이다. 이는 오늘의 악행, 오늘의 범죄에 용기를 불어넣는다. 우리는 무제한적 관용, 고삐 풀린 용서의 대가를 치러야 하는 멍에에 걸려 있다. 나 자신이, 여러분이, 우리가 대체 무엇까지 용서한 것인가? 우리는 대체 어떤 반인간적 범죄조차 관용한 것인가?

- 침탈자, 침략자에 동조하고 부역한 행위
- 친일 반민족 행위, 민족 배신행위
- 독재와 계엄, 시민 학살
- 간첩 조작에 의한 사법 살인

 이 정도면 우리가 관용할 수 없는 범죄가 없다고 해도 과언이 아닐 것이다. ― 이 모든 범죄를 관용한 민족이 공동체의 이름으로 관용할 수 없는 범죄가 있겠는가? 친일 부역 범죄, 반민족 범죄, 독재와 계엄, 내란 범죄, 학살 범죄, 조작 범죄 등을 모두 용서한 민족이 과연 어떤 범죄를 단호하게 단죄할 수 있는가? 인류를 향한 배신 범죄마저 관용한 민족은 처벌 불능 상태에 빠질 수밖에 없다. 지난 100여 년 동안 우리가 관용해 온 것들은 바로 지금 엄중히 경고한다. **"너희들은 이제 모든 극악무도한 범죄를 관용해야만 하는 지옥에 살게 되리라!"**

단언컨대, 절제가 없는 관용은 해악이다. 무절제한 관용이야말로 '질서 체계'의 방해꾼이자 사탄의 속삭임, 악의 씨앗이다. 심지어 악의 관용을 넘어 악을 미화하고 예찬하는 지경에 이른 것은 나의 잘못, 우리의 잘못이다. 우리 중 누구도 이 책임에서 자유롭지 않다.

- 홍범도 흉상 철거
- 독립운동 폄하
- 친일 미화와 변명

관용의 수혜자들, 용서의 수혜자들은 악(惡)의 수혜자들이다. 이들은 역사를 비틀어 오늘의 범죄에 용기를 불어넣는다. 악에 눈감는 것은 오직 악뿐이다. 이들은 과거의 모든 악을 관용한다. 이들이 관용한 것은 단지 역사의 범죄뿐만이 아니라 자기 내면의 악이다. 조상, 타인의 결코 용서해서는 안 될 범죄를 용서하는 것은 곧 자기 내면에 은밀히 자라고 있는 악의 뿌리를 외면하고 도리어 이를 증식하게 만드는 것이다. 이들은 관용에 관한 한 경계의 빗장을 푼다. 이들은 역사를 제대로 인식함으로써 자신의 내면에 기생하는 악을 발견해 내는 능력을 버리겠다고 선언한다.

불관용

금지Prohibition해야 마땅할 것에 대한 자비심은 악이다. 악의 연장, 범죄의 부활, 악당의 재림은 관용과 용서가 낳은 대가다. **상상할 수 있는 최악의 범죄마저 관용하자고 떠벌리는 이들은 악인이다.** 이들은 이중적이다. 독립투쟁에 헌신한 영웅을 조롱하고 여론재판, 마녀사냥으로 의인을 멸문지화의 나락에 떨어뜨리면서 명품백, 주가조작, 표절과 뇌물, 사기, 허위경력, 표적수사 범죄는 너그럽게 눈감아 준다. 한 손으로 최악의 범죄를 관용하고 다른 한 손으로는 무고한 이를 모함하고 저주한다. 이들은 거악을 용서하면서 타인의 티끌을 문제 삼는다. 이들은 결코 관용하는 자가 아니다. 사실상 타인을 관용할 수 없는 상태에 빠진 악에 받친 사냥꾼들이다. 이들은 관용과 너그러움에 대해 완전히 무능력하다. 타인과 정적을 악마화하고 사살하는 데 혈안이 되어 있는 자객들이다.

• 김혜경(이재명 대표의 부인)의 경우 7만 8,000원 가지고 압수수색만 130여 차례 받았다. 김혜경의 식사 대접은 천인공노할 범죄다!

'역사의 범죄자들이다!' 관용의 수혜자들, 용서의 수혜자들이 떠벌리는 엄정한 불관용, 단호한 저주란 '아이러니' 그 자체다. 이들이 말하는 불관용이란 '질서'와 아예 무관하다. 이들의 불관용 원칙은 '모든 범죄를 관용하자'는 자기 신념에 의해 부정된다.

• 김건희는 도이치모터스 주가조작 사건으로 휴대전화, 컴퓨터, 사무실 등에 대해 단 한 차례의 압수수색도 받지 않았다. 검찰은 이 사건을 불기소 처리했다.

관용의 수혜자들이 벌이는 일을 보면 놀라울 정도다. 검찰, 법원, 언론 등이 이러한 모순에 가담해 왔다. 사법부, 검찰은 법의 극도의 불공정성을 보지 못한다. '그들만의 리그'에 사는 이는 리그 바깥의 세상을 보지 못한다. '그들만의 리그'는 판사를 부주의맹으로 만든다. 가장 공정해야 할 법정은 아수라장Mess이 된다. 사법 카르텔, 명문대 법대 이너서클[53], 엘리트주의[54]는 부주의맹을 양산한다. 이들은 질서를 바로 세울 능력이 없다. 이들의 판단, 의식은 '그들만의 리그' 바깥의 타인과 연결되지 않는다. 이들은 사회적 은둔자, 생생한 체험으로부터 고립된 자들이다. 이들은 혼돈으로 가득한 세상을 치유하고 바로잡을 유능함이 없다. "성공한 쿠데타는 처벌할 수 없다."[55]라는 것은 부주의맹의 무능력을 보여 준다. 이들은 역사로부터 소외된 자들, 역사에 대한 배신자들이다. 이들은 오늘도 말한다. "(육군사관학교는) 북한을 대상으로 해서 전쟁을 억제하고 전시에 이기기 위해서 필요한 인력을 양성하는 곳인데, 공산주의 경력 있는 사람(홍범도)이 있어야 되느냐…"[56]

관용의 수혜자들은 독립운동가에 대해 그악스럽고 끈질

---

53) 특정 그룹 내부의 핵심적 권력 집단 혹은 의사결정 기관을 뜻한다. 철저하게 폐쇄적이고 자신들만의 비밀스러운 면모가 많고 선민 사상적인 성향이 짙으며, 이 때문에 부정적인 이미지가 강하다.
54) 권력 형성과 정책 결정이 특정 소수 집단에게 좌우되는 것을 의미한다.
55) 1995년, 검찰이 신군부의 내란죄 등에 대해 불기소처분하며 밝혔다고 알려진 발언
56) 이종섭 국방부장관 발언, 2023. 08. 25.

기게 죄를 묻는다. 한 손으로는 반인륜 범죄에 대해 미소 짓고 용서하면서, 다른 한 손으로는 없는 죄를 덮어씌우는 중이다. 이는 1945년 해방 직후부터 예견된 것이다. 반인륜 범죄를 기꺼이 눈감고 용서하면서부터 이미 질서는 무너졌다.

관용에 대한 이중적 태도, 불가사의한 행위는 이들이 이미 악을 선택했다는 증거다. 이들은 법의 면죄부도 모자라, 역사적으로도 면죄부를 줘야겠다고 다짐한다. 이들은 악의 영원한 해방을 추구한다. 이들은 악의 사면을 도모한다.

악은 악을 눈감아 준다

- "총 가지고 있으면 뭐 하나. 이런 데 쓰라고 있는 건데!"
- 이들의 증오는 살인과 자살마저도 상상한다.
- "이재명도 쏘고 나도 자결하겠다."[57]

목적이 그릇된 관용은 악을 낳는다. 이러한 관용은 눈을

---

57) 특수공무집행방해 혐의 등으로 김성훈 차장의 구속영장을 신청한 경찰 특수단이 영장에 담은 것으로 알려진 김건희의 말

떠 역사를 보지 않을 것, 역사를 제대로 들여다보지 말 것을 강요한다. 관용의 수혜자들은 역사를 정면으로 응시하는 자를 혐오한다. 악을 관용하는 자, 악을 용서하는 자는 본디 증오하는 자이다. 이들은 선을, 영웅을, 민족정신을, 질서를 증오한다. 이들의 관용이란 증오의 다른 얼굴이다. 이들의 증오엔 실체가 없다. "이재명도 쏘고 나도 자결하겠다." 이유를 알 수 없는, 고삐 풀린 증오는 증식되고 전염되고 무한히 확산된다. 이들은 증오에 사로잡혀 총을 드는 것도 주저하지 않는다. "총 가지고 있으면 뭐 하냐. 이런 데 쓰라고 있는 건데!"

이들은 의인Righteous person이 아니다. 독재를 관용하는 자, 학살과 조작과 고문까지도 용서하자고 선동하는 자는 의인이 아니다. 이들은 이제 "계엄을 관용하자!"라고 부르짖고 있다. 서부지법 폭동은 관용하는 자, 용서하는 자들이 진정으로 꿈꾸는 세계를 보여 준다. 이들은 관용하면서 파괴하고, 용서하면서 부수고, 끌어안으면서 위협한다.

- 바이든이 아니라 날리면이다!
- 간첩과 부정선거가 계엄과 내란을 일으킨 것이다.

이들은 자유를 내세우고, 국민저항권을 주창한다. 이들은 계엄이 반대자, 야당, 노조, 간첩 때문이라고 항변한다. 관용 강박, 용서 강박 때문에 이들은 올바로 사태를 진단하지 못한다. 관용과 용서의 화신이 실체 없는 상상의 적을 향해 보이는 무관용은 상상을 초월한다. 이들은 빤히 보이는 실재, 악의 실상을 너그럽게 관용하면서 도무지 눈으로 볼 수 없는 적, 실체가 없는 대상을 광적으로 증오한다. 이들은 악인이 초래한 파국(계엄)에 대해서는 용서하면서 일어나지도 않은 국가비상사태를 엄벌해야 한다고 투쟁한다. 이들에게 무관용은 헌법도 예외가 될 수 없다. 이들은 불관용의 광기에 사로잡혀 헌법재판관과 판사에 대한 테러, 법원 난입 폭동, 공수처 협박 등도 불사한다.

- 계엄은 본디 대통령의 고도의 통치행위다!
- 한밤의 해프닝, 평화로운 계엄이었다!
- 내란 주장은 야당의 탄핵 공작이다.

 이들의 집회란 영웅을 사라지게 만들고 민족정신을 조롱하며 악의 혼령을 불러들이는 예식이다. 이들이 하는 일이란 본질적으로 악의 재현이다. **악은 악을 눈감아 준다. 악은**

더 큰 악을 부른다. 악에 대한 둔감함, 무지몰각, 미화, 예찬은 민족이 역사를 제대로 사용하지 못한 결과다. 악인들이 선전하는 악, 악인들이 말하는 용서받을 수 없는 악, 악인들이 낙인찍은 엄벌해야 할 중범죄란 대체 무슨 죄를 말하는 것인가?

권력 없는 곳

원시 정글은 권력Power 없는 곳이다. 권력은 문명이다. 고도의 질서이자 체계, 시스템이다. 권력은 '공존'의 수단이고 기술이다. 권력은 어디까지나 조화로움, 안정의 도구다.

권력의 관점에서, 일제는 야만이다. 제주에서, 광주에서 민간인을 학살한 이들, 계엄 세력도 '문명'의 관점에서는 야만이다. 이들의 멘탈리티는 '원시 정글'의 멘탈리티, 야만의 멘탈리티다. 자유든, 평화든, 안보든, 이들이 뭘 구호로 내걸었건 상관없이 이들은 '문명'과 '권력'에 무지하다. 이들은 야만의 전도자, 원시 정글의 지휘자일 뿐이다. 이들은 문명을 허물고 그 자리에 원시 정글을 세우고자 한다. 이들은 권력을 차지해 권력 없는 공간을 만든다.

권력이 없는 공간, 문명이 없는 공간, 원시 정글에서는 자유와 안전을 보장받을 수 없다. 권력 없는 공간에는 '정치'가 없다. 권력 없는 공간에는 소통하는 자 간의 협력, 대화하는 이들 사이의 타협이 없다. 야만은 '정치'를 앗아 간다. 야만은 '공존'의 공간을 황폐화시킨다.

'원시 정글'에서의 번영이란 환영Phantasm이다. 원시 정글은 본질적으로 번영할 수 없는 곳, 번영Prosperity이 없는 곳이다. 원시 정글엔 단지 유지와 소멸, 이 두 가지 운명이 있을 뿐이다. 진정한 의미에서의 번영의 전제 조건은 '질서'다. 정의와 진실, 신뢰, 약속이 없는 공간은 번영할 수 없다. 원시 정글이란 '약속'이 없는 장소다. 번영은 '약속'으로부터 출발한다. 번영하는 공간에서 '약속'은 더 촘촘하고 정교하게 다듬어진다. 번영함에 따라 질서와 안전은 더 높은 수준으로 유지된다. 번영은 어느 경우에도 '질서'와 함께 이뤄지며 나아간다.

 혼돈은 악인이 만들어 낸 결과물이지 권력의 문제가 아니다. 혼돈은 민주주의의 탓이 아니다. 헌법과 법률, 제도란 비록 결함이 있을지언정 저 스스로 악을 창조할 능력이 없다. 문제는 근본적으로 악, 악인, 악당에게 있다.

　영웅은 유능하고 선하며 정의로운 자들을 끌어모은다. 악인은 '듣기만 하는 자들'을 끌어모은다. 듣기만 하는 자들은 이름과 명패가 있을 뿐 실제로 기능하지 않는 허깨비$_{Ghost}$다. 이들은 단순히 듣기 면허만 가진 자, 그러므로 말과 책임에서 자유로운 자들이다. 이들은 책임으로부터 지극히 자유로운 상태에 놓인 나머지 참사와 희생, 결정적인 실정 앞에서도 아무것도 느낄 수 없는 불감증에 도취되어 있다. 이들은 말하는 능력을 완전히 상실한다. 최악의 인재에조차 자기 책임을 느끼지 못한다. 이들은 가장 처참한 현장에서조차 말하지 못한다. 이들의 말은 공허하고 감정이 결여되어 있다. 이들의 말은 결코 감정적으로 타인과 연결되지 못한다. 이들은 참사 앞에서 아무도 위로할 수 없는 상태, 아무도 어루만져 줄 수 없는 상태를 만든다. 이러한 '무능함'과 '정치의 공백'은 근본적으로 이들이 허깨비들이기 때문이다. 이들에게는 결코 사태를 수습할 능력이 없다. 이들의 본령은 애초에 듣는 데 있을 뿐이기 때문이다.

　책임을 부여한다는 것은 말$_{Speech}$과 깊은 연관성이 있다.

말은 실질적인 권력이다. 말하는 자는 허깨비가 아니다. 말하는 자는 실질적인 권력을 갖고 책임지는 자다. 말할 수 없다면, 책임질 수도 없다. 말할 수 없는 자에게는 실질적인 권력이 없다. 그는 책임지지 않는 자, 허깨비다. 허깨비는 모든 장소를 화해 불능, 치유 불능의 공간으로 전락시킨다. 이는 그의 말할 의지가 거세되었기 때문이다. 그는 책임질 필요가 없다는 데 중독된 자다. 허깨비가 가는 곳은 어김없이 정치 없는 장소, 대화가 불가능한 장소가 된다. 허깨비가 고백하는 '자기 책임'이란 실질적인 해결, 문제의 청산이 요원하다는 의미에 불과하다.

경청

잔 다르크는 희생하는 영웅의 표본이다. 그는 원대한 목표를 세웠고, 거침없이 나아가며 전쟁에서 승리했다. 그의 수난사, 억울한 처형, 고통스러운 죽음은 영웅이라면 예외 없이 처하게 되는 운명이 어떠한지 잘 보여 준다. 영웅은 축복받은 자가 아니다. 그는 공동체에 천국을 선물하고 자기 자신은 제물로 바쳐지는 운명의 소유자다. 그는 만인이 보는 가운데 화형당하지만 역설적으로 영원히 사는 자다.

권력을 획득한 악인에게 금지Prohibition, 금기Taboo는 없다. 그는 갈 데까지, 갈 수 있는 데까지 나아가는 해악Evil의 질주자다. 영웅이란 선의 최고치를 올리고, 선의 한계를 넘어서는 자인 반면, 악인은 악의 최고치를 향해, 해악의 한계를 넘어서려 더 깊이 더 까마득하게 구렁을 판다. 그는 권력으로 지옥을 구축하는 자다.

영웅의 언어는 거칠고, 구체적이며 표독스럽다. 영웅의 언어는 분노의 언어, 파괴의 언어, 저주의 언어다. 그의 언어가 강하고 거칠며 센 것은 그가 결단코 자기 자신의 구원을 목표 삼지 않았기 때문이다. 그의 관용과 겸손은 오직 민중만을 향한다. 그는 오직 역사라는 공간에 아름다움을 건설한다. 그는 다만 악당, 악인을 상대하기 위해 나를 버린 자다. 그는 거악이나 역사와 정면으로 전쟁을 선포한 전사다. 그의 언어가 상시 폭력적인 이유는 그가 자신의 힘만으로는 도저히 이길 가망이 없는 전쟁 상태에 놓여 있기 때문이다. 민중만이 그와 함께 싸워 줄, 그의 병사다. 그는 이 전쟁의 승리가 가져다줄 전리품에 대해 설명하고 민중을 향해 다 같이 싸우자고 외치는 연설가다. 그에게는 칼이 없다. 오직 자신의 언어를 벼리고 다듬을 뿐이다. **그는 본질**

적으로 말하는 자, 설득하는 자, 경청하는 자다. 악인이 언제나 영웅의 칼이 아니라 영웅의 말, 영웅의 입을 두려워하는 이유다.

만약 역병이 돌아 사회 구성원 모두를 한꺼번에 앗아간다면, 그 집단이 영영 사라질 것은 불을 보듯 분명하다. ... 그러나 사회 구성원의 연령별 차이 때문에, 즉 어떤 사람들이 죽을 때 또 다른 사람들이 태어나기 때문에, 그 집단의 관념과 실천의 전승을 통해 사회의 직조를 끊임없이 다시 짜는 일이 가능하다. 그런데 이러한 갱신은 절대로 저절로 이루어지지 않는다. 온전하고 철저한 전승이 이루어지도록 수고하고 애쓰지 않는다면, 가장 문명화된 집단도 미개나 야만의 상태로 다시 떨어질 수 있다. ... 그렇다면 인류가 거둔 온갖 기술적, 예술적, 과학적, 도덕적 위업들에는 얼마나 더한 교육적 수고가 필요하겠는가!

- 『민주주의와 교육』, 존 듀이, 23p

10. 자기 자신을 탄핵할 용기

결정 장애

 역사가 만들어 낸 질서는 싸워서 지켜 내야 하는 것이다. 혼돈이 도래했을 때엔 민족 고유의 정신, 조상 대대로 내려오며 쌓인 잔재들의 합, 곧 민족정신에 귀를 기울여야 한다. 우리의 운명을 지배하는 불가사의한 지배자들의 혼을 다시 불러내 악에 맞서고 악을 진멸하고, 섬멸하고, 전멸시켜야 한다. 이 의무는 사회가 존속하는 한 영원하다. 질서란 내가 모르는 이의 희생 위에 구축된 체계다. 이 체계는 민족이 함께 대항해 지키지 않으면 언제라도 무너지는 것이다. 민족의 일원인 이상, 역사의 일원인 이상 우리 모두 각자의 책임을 걸머져야 한다. 나의 짐을 진다는 것은 역사 속 희생자들에게 진 빚을 조금씩 갚아 나가는 것과 같다. 저마다 주인이 되자! 주인이란 책임지는 사람이다. 주인은 내 십자가를 다른 이에게 지도록 떠밀지 않는다. 결정하는 권력을 갖자! 주인은 자신의 문제를, 민족의 문제를 결정한다. 복잡다단한 상황을 직접 나서 해결하고, 뜯어고치고, 개선한다.

혼돈 속에서 영웅이 나타난다. 마찬가지로, 혼돈 속에서 무능력한 권력도 드러난다. '시간 단위로 쪼개어 계산해서라도 계엄의 우두머리를 방생해야만 한다'는 괴상한 판사, 탄핵 기각으로 악한 검사들과 관료들, 총리를 다시 권좌로 돌려보내는 헌법재판소는 모두 결정 장애의 예시다. 막중한 소명Calling을 지녔음에도 사법 카르텔, 특권의식에 중독된 자, 엘리트주의는 결정적인 순간에 도피하고, 망각하고, 오판한다.

특별히 헌법재판소[58]는 단순히 사법부의 일부가 아니다. 헌재는 민족정신, 역사의 희생자들을 계승한다. 해방 이후의 기나긴 반헌법 시절, '헌법 없던 시절'을 극복한 결과가 바로 헌법재판소다. 독재와 학살, 계엄의 역사를 민족의 이름으로 탄핵한 전리품이 헌법재판소다. 해방 후 독재와 학살, 계엄의 시절은 사실상 '헌법 없는' 시간, 헌법이 작동하지 않은 시간이다. 헌재는 이러한 시기를 극복한 결실, 태생

---
[58] 대한민국의 헌법재판을 전담하는 최고법원

적으로 희생의 현현, 저항의 현현이다. 헌법재판소는 사악한 권력자들로부터 민중을 지키고 가장 깊은 혼돈 속에서조차 민족정신을 구원할 책임을 진다.

계엄의 시간으로 돌아간다는 말은 '헌법 없는 시간', '헌법이 작동하지 않았던 시간'으로 돌아간다는 것을 의미한다. 그러므로 **헌법재판소에 요구되는 것은 단언컨대 '즉시성'이다.** '헌법 없는 시간으로의 회귀'는 즉시 진압되어야 한다. 바이러스, 페스트, 전염병이란 가장 신속하게 제압되어야만 하는 것이다. 페스트를 바로 종식할 방법이 있음에도 이를 지연, 지체, 질질 끄는 것은 그것 자체로 이미 페스트의 방조, 곧 악이다. 지연, 지체란 사실상 페스트의 확산을 기도하고 염원하는 사악한 주술 행위다. 어떤 경우에도, 방역당국의 소명은 바이러스의 확산을 가장 빠른 시간 내에 차단하는 것이다.

'계엄 정국'은 '헌법 무력화 시도'로서 즉시 진압되어야 한다. 침략자로부터 나라를 지키는 일, 계엄과 독재로부터 민중을 구하는 일에 지체, 지연은 상상할 수 없다. 악의 확산을 당장 막고, 피해를 최소한으로 줄이며, 혼돈과 무질서

를 즉시 종식하는 것은 헌법재판소에 주어진 역사적 소명
이다.

- 2024년 12월 3일 밤
  10시 27분: 윤석열 대통령, 비상계엄 선포
  10시 56분: 이재명 "윤석열, 불법 비상계엄"
  11시 40분: 계엄군, 국회 경내 진입

- 2024년 12월 4일 새벽
  00시 45분: 계엄군, 국회 본회의장 강제 진입 시도
  00시 49분: 국회 본회의 개회
  01시 01분: 비상계엄 해제 요구 결의안 상정, 전원 찬성 가결

국회는 단 2시간 40분 만에 계엄을 해제했다. 190명의 국회의원들이 '즉시' 모였고, '즉시' 표결했고, '즉시' 계엄 무효화를 결정했다. 국회의 '즉시 행동', '즉시 결정', '신속성', '지연 없음'은 헌법재판소의 지연, 지체와 극명히 대비된다. 헌법재판소는 계엄 이후 넉 달이 지나도록 자기 손으로 혼돈을 제거하지 못했다. 헌재는 계엄 종식을 지연하고 방치했다. 헌재는 '즉시 진압'이 아니라 '숙고'함으로써 계엄을 방조했다.

국회가 '즉시 명령하는 장소'로 기능한 것, 계엄을 '즉시 무효화'한 것은 국회가 혼돈에 대비하고 늘 숙고했다는 방증이다. 국회는 늘 '숙고'함으로써, 악을 즉시 진압할 유능함을 지니고 있었다. 반면, 헌법재판소는 계엄 사태가 일어난 이후에야 숙고의 별장 속에 기어들어가 감감무소식 상태로 도피해 버렸다. 8인의 헌법재판관들에게는 즉시 결정 내릴 유능함이 결여되어 있었다. 이들은 항시 혼돈에 대비하는 성실함, 유능함이 없었다. 이들은 미증유의 무질서 상황에서조차 '정시 출퇴근', '주말 휴무' 등을 향유하면서 불성실하고 태만하고 여유만만한 태도를 보였다.

- 이런 처참한 지경에 헌법재판소 나리님들께서는 잠이 오십니까? 칼퇴근하시면서 미안하지 않습니까? … 가시면서 생업을 접고 삼삼오오 떼를 지어 광장에 모여드는 시민들의 절규가 조금도 들리지 않습니까?[59]

악을 즉시 진압할 준비가 전혀 되어 있지 않았기 때문에 헌법재판소는 '즉시 명령'할 힘이 없다. 이들은 숙고라는 오만한 이름으로 지연, 지체, 지지부진의 늪으로 기어들어 갈

---

[59] 국회 국방위, 외통위 소속 더불어민주당 국회의원, 헌법재판소 앞 기자회견, 추미애, 2025. 3. 28.

수밖에 없었다.

- "(한덕수가) "국민의 신임을 배반한 경우에 해당한다고 단정할 수 없어 파면을 정당화하는 사유가 존재한다고 볼 수 없다."

헌법의 숙고란 말은 궤변이다. 이들의 숙고란 '즉시성'이 아니라 지연, 지체의 향연을 뜻한다. 이때의 숙고는 숙고Deliberation가 아니라 원칙 없음, 기회주의, 편의주의Timeserving[60]에 지나지 않는다. 이는 단지 '결정 장애'일 뿐이다. 민중은 계엄으로 첫 번째 혼돈을, 헌법재판소의 '결정 장애Decision paralysis'로 두 번째 혼돈을 감당해야 했다.

헌법재판소의 기괴한 우유부단Irresolutio, 결정 장애는 우연히 벌어진 일이 아니다. '우유부단'은 현실과 역사와 깊이 관계 맺는 능력의 결핍, 고립과 은둔의 결과다. '항상 숙고하라'는 명령을 기피하면 절대 '즉시성'을 실행할 수 없다. 소명 없는 자, 게으른 자는 평상시에 숙고하지 않기 때문에 사태가 벌어진 이후에야 '숙고'에 들어간다.

---

[60] 어떤 일을 근본적으로 처리하지 아니하고 임시로 대충 처리하는 것

헌법재판소는 숙고의 장소가 아니다. **헌법재판소는 '명령하는 장소', '진압하는 장소'다.** 직업 판사, 법률 암기자는 헌법재판소를 '명령 없는 곳', '진압 불능 상태'로 전락시킨다. 국경Border이란 명령과 약속에 있어 가장 가시적인 선Line이다. 세계지도에서 국경은 매끄럽고 강렬한 선으로 드러난다. 이 선은 명령이다. 국경선은 숙고하지 않는다. 숙고되는 국경이란 말은 없다. 국경은 이미 숙고의 결과, 약속이기 때문이다. 비타협적 약속, 역사적 결과물이란 점에서 국경은 항상, 즉시 누구에게나 유효하다. 허가 없이 국경을 넘는 것은 침략으로 간주된다. 을사오적이란, 궤변자들의 표상, 언어도단의 상징이다. 이들은 말한다. "국경을 넘은 것은 맞지만 침략으로 볼 정도로 중대하지 않다!" 이들은 원칙을 배반한 자들, 편의주의자들, 기회주의자들이다. 을사오적은 본질적으로 침략을 환영하는 자, 침략을 방조하고 도운 자, 침략에 기생한 자들이다.

- "법원의 주인은 판사들입니다. 그런데 그 판사들이 삼천 명이 넘어요."[61]

---

61) 국회 법사위, 김형두 헌법 재판관후보자 인사청문회, 김형두 발언, 2023. 3. 28.

김형두는 법원의 주인이 민중임을 모른다. 그는 헌법에 무지하다. 나아가 역사, 민족정신에 무지하다. 헌법재판소의 지연, 숙고, 지지부진은 예고된 것이다. 헌법재판소가 역사적 장소, 민족정신과 민중이라는 것을 모르는 이에게는 '즉시 결정할 힘'이 없다. 그는 필연적으로 우유부단한 자, 결정 장애를 가진 자다. 늘 숙고하고 늘 관계 맺고 늘 준비되어 있지 않다면 악을 즉시 종식할 수 없다. 이는 무능력하고 자격 없는 것이다. '대화 불능', '관계 불능'의 오만함, '그들만의 리그'에 갇혀 있음으로써 스스로 초래하는 소외와 은둔은 진압해야 할 자, 종식할 의무를 지닌 자를 병약한 부주의맹으로 만든다. 이들의 무지, 천박한 특권의식, 고립은 공동체의 운명을 파국으로 몰고 갈 만큼 위험하다.

광장에서, '혼돈과 무질서를 즉시 종식하라'는 아우성, 그리고 '이를 방치하고 방조하라'는 아우성은 극명하게 대비된다. 페스트가 공동체를 잠식해 나가는 아비규환 속에서조차 헌법재판소는 문이 굳게 닫힌 성채처럼 고요했다. 헌법재판관들은 어제 든 샴페인 잔을 오늘도 들면서 자기들만의 축제, 파티를 즐기는 지독한 불감증Insensitivity의 소유자들이다. 이들의 '감각 상실'은 종식시키는 장소, 차단을 명령하는 장소로서의 헌법재판소를 타락한 무도회장으로 전락시킨다.

자신을 탄핵하는 용기

 영웅은 짐을 감내하느라 지칠 대로 지친 자, 고통을 감내할 만큼 감내한 자다. 반항인이라는 이유로, 지금 만인이 당연하게 누리는 혜택으로부터 소외된 자다. 그에게는 충만한 자유, 넘치는 쾌락이 허락되지 않는다. 감시와 검열, 비난과 모함은 그의 일상이다. 이러한 십자가 때문에, 그는 상시 외로움과 무기력의 유혹을 받는다.

 그러나 영웅은 배신하지 않는다. 배신이란, 영웅에게는 'Must Not'이다. 영웅은 역사 속을 홀로 걷는다. 그는 역사적으로 사고하고, 현재의 시간을 역사로 전환할 줄 안다. 그는 역사 속 영웅으로부터 영감을 얻는다. 그는 미래의 영웅에게 영감을 준다.

 영웅은 예술가다. 그는 매일 매시간 숙고한다. 그는 당장 일어날 전쟁에 대비해 단 한 순간도 잠들지 않는다. 지금 당장 민족, 이웃, 타인을 위해 가장 필요한 단 한 가지 색을 찾아 헤맨다. 그는 질서의 창조자이며, 개척자다. 역사 문맹, 부주의맹, '원시'를 지닌 악인과 싸워야만 하는 운명의 소유자다. 영웅에게는 검찰, 경찰, 군부, 정부, 감사원, 인권위, 방통위 등을 사유화해 타인을 사살할 의지가 없다. 그의 무기는 오직 말$_{Speech}$이다.

영웅에게는 '결정 장애'가 없다. 그는 탁월한 결정자이다. 고난, 역경, 삶으로 다져진 탄탄한 사고와 맥락은 그를 이끄는 수호신이다. 영웅의 '직관', '통찰'이란 일탈하고, 모험하고, 기행을 하고, 도전하는 삶이 그에게 준 상$_{Reward}$이다. 그는 지금 당장 가장 중요한 문제를 알고, 이를 해결한다. 그는 혼돈을 걷어치우고 질서를 바로 세우며 현실을 개선할 능력을 갖춘 자.

그는 인격자다. 영웅은 어떠한 성격장애도 가지고 있지 않다. 그는 수치심으로부터 자유롭다. 대담하게, 어느 순간에도 타협의 가능성, 대화의 가능성을 모색한다. 그는 법정에 서면서도 이러한 가능성을 버리지 않는다. 법정조차 말이 있는 공간, 아름다움이 있는 공간으로 바꾸어 놓는다. 그는 말하고 설득하고 화해의 손길을 내민다.

그에게는 망상 장애가 없다. 그는 가상의 적과 내전을 벌이지 않는다. 그는 민족정신의 수호자로서, 정적에게 총을 쏠 마음이 없다. 따라서 정적도 쏘고 나도 죽고 싶다고 말하지 않는다. 그는 공산전체주의, 간첩, 달그림자 따위와 싸우지 않는다. 그는 실재하는 문제, 현실의 상대와 만나려 하고 눈을 마주 보려 하며 문제를 해결하려 할 뿐이다.

그는 미적으로 추하지 않다. 그는 추함을 경계하고 혐오한다. 그에게는 다크 트라이어드The Dark Triad[62]가 없다. 그는 재난과 참사에 슬퍼하고 함께 울며 위로하는 자다. 그는 어떠한 경우에도 문제와 위기로부터 도피하려 하지 않는다. 책임지는 사람, 사과하는 사람, 기꺼이 십자가를 지는 사람이다. 그에게는 비화폰을 나눠 주고 적의 사살을 도모할 충동이 없다. 그는 도피자가 아니다. 차벽, 인간벽을 쌓고 비루하게 숨지 않는다.

그는 관용의 수혜자가 아니다. 그는 관용으로 죄악을 덮

---

62) 질서, 공존, 인간관계를 망가뜨릴 수 있는 해로운 성향을 지닌 세 가지 성격

을 마음이 없다. 그는 역사적 과오, 사죄하지 않은 범죄를 용서하지 않는다. 그는 민중과 함께 불관용으로 나아간다. 그에게는 게토나 굴라크가 필요하지 않다. 그는 타자를 가둘 의지가 없다. 그는 오히려 다름Difference 속으로, 반대와 차이 속으로, 그리고 결정적으로 정치적 상대(정적) 속으로 기꺼이 걸어 들어간다.

그는 '쇼의 달인'이 아니다. 그는 영웅을 연기하지 않는다. — 영웅 행세를 하지 않는다. 그는 자기 자신, 즉 영웅이 되어 갈 뿐이다. 모함과 모략을 떠안고 이를 견디며 정면 돌파한다. 그는 어떤 좌절 속에서도 오직 영웅의 삶, 영웅의 길을 걷는다.

우리가 누리는 안락, 안전, 자유는 내가 모르는 이의 희생으로 구축된 것이다. 공동체란 익명의 희생자들의 무덤 위에 지은 집이다. 이 집에는 민족을 구원하고자 자신을 탄핵한 이들이 끝도 없이 서 있다. 역사적으로, 영웅은 고통받는 자다. 그는 고문받고, 이기적이고 탐욕 가득한 '권력 서클'에 의해 법정에 세워진다. 그는 증오의 대상, 사살 대상이다. 영웅은 역모자, 테러리스트, 간첩, 빨갱이다. 그의 삶은 필연적으로 가혹하고 척박하다. 그는 이 모든 짐을 자신의 것으로 받아들인다. 영웅은 자기 문제에 타인을 끌어들이지 않는다. 그는 선동하지 않고, 구치소에서 나와 자신이 만든 폐허 앞에 손을 흔들지 않는다.

> 이제 제가 할 일은 국민에게 고개 숙여 사죄하는 일입니다. 사실관계가 어느 정도 정리가 되고나면 그렇게 할 것입니다. 저는 이제 이 마당에 이상 더 사건에 관한 글을 올리지 않을 것입니다. 회원 여러분에게도 동의를 구합니다. 이 마당에서 사건에 관한 이야기를 하지 않도록 합시다. 제가 이미 인정한 사실 만으로도 저는 도덕적 명분을 잃었습니다. 우리가 이곳에서 무슨 이야기를 하더라도 사람들은 공감하지 않을 것입니다. … 이상 더 노무현은 여러분이 추구하는 가치의 상징이 될 수가 없습니다. 자격을 상실한 것입니다. 저는 이미 헤어날 수 없는 수렁에 빠져 있습니다. 여러분은 이 수렁에 함께 빠져서는 안 됩니다. 여러분은 저를 버리셔야 합니다. 적어도 한 발 물러서서 새로운 관점으로 저를 평가해 보는 지혜가 필요합니다. … 이제 '사람 세상'은 문을 닫는 것이 좋겠습니다.
>
> — '사람세상' 홈페이지를 닫아야 할 때가 온 것 같습니다, 노무현, 2009. 04. 22.

노무현의 영웅적 면모는 자신을 스스로 탄핵하는 장면에서 발견된다. 그는 죽음과 모멸감 앞에서조차 도피하지 않는다. 그에게 가장 중요한 것은 신뢰, 신임이다. 그는 질서의 수호자다. 질서를 지켜야 했기에, 아름다움을 추구했기에 그는 자기 자신을 탄핵했다. 그는 법정 앞에서조차 죽으려 한 자, 책임지는 자, 홀로 의연하게 십자가를 지는 자다.

질서와 문명이란 영웅에게 특별히 너무 가혹한 환경을 개선시키는 것이다. 존중과 존경이 사라지면, 권력도 사라지고, 정치도 사라지며 문명도 사라진다. 영웅의 황폐화, 영웅의 사막화는 언제든 악이 질서를 무너뜨릴 수 있는 곳을 의미한다.

영웅의 길을 가려는 자라면, 영웅을 모방하려는 의지가 필요하다. 가장 먼저, 실수와 잘못을 인정할 수 있어야 한다. 사죄, 사과할 수 있는 용기가 없다면, 이미 악인의 길에 들어선 것이다. 자기 자신을 탄핵할 용기가 없다면, 이미 악인의 그룹에 합류한 것이다. 해방 이후의 혼돈은 '사죄하지 않음' 때문에 빚어졌다. 해방 이후의 계엄, 학살, 독재란 응당한 처벌에 대한 거부, 도피 행각이 쌓아 올린 바벨탑이다.

가장 우매한 민족은 계속해서 문제를 일으키는 목수에게 일을 맡긴다. 집을 무너뜨리는 목수가 또 새집을 짓겠다고 나서는 것은 그 자신에게나 민족에나 치명적이다. 무능한 목수, 사고를 계속해서 유발하는 목수에게 필요한 것은 사죄와 성찰이다. 공동체는 유능함을 원한다. 민족에 영감과 활기를 제공하고 역사를 아름다움이 있는 공간으로 만드는 데 유능하지 못하다면 스스로 물러나는 용기가 필요하다. 실패를 인정하는 것, 사죄하는 것, 책임지는 것을 거부하는 자는 스스로 진실을 내팽개친 것이다. 자기 자신을 탄핵할 용기가 없다면 왕관을 내려놓아야 한다. 그가 할 수 있는 것이라고는 역사를 정치 없는 곳, 권력 없는 곳, 생기 없는 곳, 공존이 불가능한 공간으로 만드는 것뿐이기 때문이다.

영웅을 위하여

- "원화 가치를 방어하는 경제 사령관이 원화 가치가 하락할수록 수익을 얻는 미국 국채에 투자하다니 제정신인가, 계엄 이후 환율이 1400원을 돌파하자 '장관으로서 역할을 다하겠다'고 말해놓고 뒤에서는 미국 국채를 사들이며 원화 가치 하락에 베팅하고 있었나?"[63]

---

63) 이원혁 민주당 부대변인, 3월 28일 논평에서

최상목의 베팅은 배신행위다. 그에게는 경제 수장으로서의 소명이 없다. 그에게는 환율 상승을 저지할 수 있다는 믿음이 없다. 어떻게든 환율을 방어해야만 할 책임보다 환율 상승에 베팅함으로써 돈 벌 결심, 이익 볼 의지를 숨기지 않는다. 그는 공동체의 번영, 성장에 대한 의지가 없는 자다. 희망 없는 자, 믿음 없는 자는 필연적으로 배신하는 자다. "해방이 이렇게 빨리 올 줄 몰랐다"라고 말한 친일 부역자와 마찬가지로 "환율이 이렇게 빨리 내려갈 줄 몰랐다"라고 말하는 자에게 권력은 그저 개인의 금고, 돈지갑, 금덩어리를 캐낼 절호의 수단일 뿐이다.

기득권이란 오직 사적 이익만을 추구하는 이념, 신념의 집단을 일컫는다. 부를 축적하고 이권을 지키고 공동체의 운명을 자신들이 결정하려고 하는 힘이다. 사회 고위층, 법조와 의료, 검찰 등의 권력 엘리트에 합류하고자 하는 열망을 고무하는 교육은 민족정신에 반한다. 자신의 길 위에서 영웅으로서 살고자 하는 인간, 이런 사람을 길러 내는 교육이 좋은 교육이다. 올바른 교육이란 이웃과 타인, 민족을 구원하는 데 협력하는 인간을 상상한다.

결국 이렇게 상징으로 저장된 교과 내용은 일상적인 사유와 표현의 습관에 맞게 동화되지 못한 채, 그 자체로 별도의 세계에 존재하게 된다. 그래서 형식적으로 가르침을 받는 내용은 언제나 경험의 소재로부터 유리된 채, 그저 학교의 교과 내용으로만 그칠 위험이 있다. … 게다가 학교교육은 학습에서만 '빈틈없는 사람들', 즉 이기적 전문가들만 낳게 된다. 학교교육이 전문화의 길로 나아갈수록, 한편으로 정해진 학습과정을 통해 배웠기 때문에 의식적으로 알고 있는 것과, 다른 한편으로 사람들과의 교제를 통해 배워 인격의 일부로 흡수되었기 때문에 무의식적으로 알고 있는 것 사이의 간극은 더욱 심화되고 있으며, 양자를 통합하는 일은 점점 더 다루기 힘든 과제가 되어 간다.

-「민주주의와 교육」, 존 듀이, 30p

존 듀이가 말한 '빈틈없는 사람들', '이기적 전문가'는 위험하다. 어느 때에나, 어느 곳에서나 이들이야말로 질서를 좌지우지하는 자들, 즉 실질적인 힘을 가진 이들이기 때문이다. 이들은 스스로 '빈틈없는 사람'이라 자부하는 자들로, '교제 없는' 인간, '인격 없는' 인간이 될 위태로움을 안고 있다. 이들은 역사에 동화되지 못한 채, 역사로부터 유리된 상태로 그들만의 '별도의 세계'에 존재한다.

  사악한 엘리트주의는 문학에 무지하다. 사악한 엘리트주의에는 이야기가 없다. 타인과 말할 수 있는 능력, '대화하는 공간' 즉 현실에 기꺼이 참여하고자 하는 의지가 없다. 문학은 절정의 혼돈 속에서조차 인간, 인간성을 발견해 내려는 도전이다. **영웅은 태생적으로 문학적이다.** 그는 태어나면서부터 이야기를 쓰기 시작하는 작가다. 그의 삶에 이야기가 가득한 것은 결코 우연이 아니다. 영웅의 이야기는 민중의 이야기, 민족의 이야기, 고난의 이야기다. 이 이야기 속에서 그는 여전히 승리자가 아니다. 도전하는 자, 일탈하는 자로서의 서사_{Narrative}란 언제나 불의에 맞서는 것과 연관되어 있다. 이 서사는 필연적으로, 영웅이기 때문에 받은 고통, 불의한 비난, 모함을 견딘 이야기다. 민중이 그에게 권력을 부여하는 것, 역사가 그를 추앙하는 것은 결코 그가 승리자이기 때문이 아니다. 오직 영웅의 '자기희생'이 권력의 자격, 권력의 증거가 된다. 그렇기 때문에 영웅의 권력이란 예외 없이 그의 삶, 그의 이야기로부터 나온다. 그의 이력, 그의 이야기는 사막화된 정치에 생수를 공급한다. 영웅의 삶은 문학적이기에 인간적이고 아름답다. 그는 문명을 밝히는 빛이다. 그는 아름다움을 추구하는 자, 문학을 닮은 자, 곧 예술가다.

나의 존엄을 지키는 자가 타인의 존엄도 지켜 준다. 존엄한 자만이 온갖 성격장애에 맞선다. 존엄한 자는 수치심을 견뎌 낸다. 내 안의 악을 통제할 수 있는 자만이 악인의 그늘로부터 민족을 구원한다. 영웅은 만인을 질서 체계 안으로 끌어들인다. 그는 공존의 능력자다.

공산주의의 실패는 공산주의 교육의 실패와 무관하지 않다. 공산주의 교육이란 곧 악인을 양산하는 교육이다. 악에 용기를 불어넣는 것, 그것이 공산주의 교육이다. 공산주의 교육은 인간을 관계 불능, 협력 불능, 공존 불능에 빠뜨린다. 타인을 증오하고, 의심하고, 적개심을 갖도록 만든다는 점에서 공산주의 교육은 역사상 가장 나쁜 교육이다.

교육의 측면에서는 영웅뿐만 아니라 악인도 교훈적이다. 인간은 이 두 요소를 모두 가지고 있기 때문이다. 악인을 만드는 교육, 악인이 되도록 부추기는 교육은 나쁜 교육이다. 사이코패스, 나르시시즘, 마키아벨리즘뿐만 아니라 편협한

이기주의, 불의와 탐욕으로 이끄는 교육도 뒤틀린 교육이다. 교육이란 어느 경우에도 도덕 불감증, 공존 불능, 협력 불능에서 자기 자신을 구원할 수 있도록 이끌어야 한다. 역사로부터 유리된 자가 아니라 역사의 참여자가 되도록 안내해야 한다. 참된 교육은 아름다움을 추구하도록 이끈다. 부주의맹이 되지 않도록, 질서를 지키도록, 공존의 능력을 갖추도록 독려하는 것이 교육의 참된 본령이다.

밀정은 사악한 명령을 하달받고 선을 무너뜨리려 잠입하는 간첩Spy이다. 밀정은 민족을 붕괴시키려 민족 한가운데로 몰래 숨어드는 바이러스다. 감염병, 페스트의 병원체라는 점에서, 밀정은 을사오적과 동일체다.

- 육군 항공작전사령부 예하 부대인 1·2항공여단 소속 아파치 항공대 대에서 작년 한 해만 무려 7~8회가량 NLL 위협 비행을 했고 북한군 GP(감시초소) 정찰 임무 등을 수행했다고 한다. 첫 번째 근거는 비행 항로가 평상시와 달랐다는 것이고, 두 번째 근거는 평소 비무장 상태로 비행하는 것과 달리 실무장 상태로 비행했다는 것이다. … 목숨을 걸고 정상적이지 않은 비행을 하다가 피격되거나 추락하면 그걸 빌미로 북풍 공작을 하려고 했던 것 아닌지 의심이 갔다는 것…

북풍 유도가 아니라면 그럴 수 있겠는가?[64]

  반공과 간첩을 말하는 자들의 실제 목적지는 어디일까? 이들은 위협으로부터 민족을 지키려는 자들인가, 아니면 도리어 어떤 위협을 꾸며 내고 가공해 민족을 위태로운 상태에 처하게 만드는 자들인가? 이들은 전염병을 완전하게 퇴치하고자 하는 자들인가, 아니면 바이러스를 퍼뜨려 민족을 완전한 혼돈 가운데로 몰아넣으려는 자들인가?

---

64) 추미애 더불어민주당 의원, 2025. 1. 7. 오후 국회 내란국정조사특위 청문회에서

에필로그

바벨탑

> 그들은 또 "자. 성을 건축하고 하늘에 닿을 탑을 쌓아 우리 이름을 떨치고 우리가 사방 흩어지지 않도록 하자!" 하고 외쳤다. … 여호와께서 그들을 온 세상에 흩어 버리시므로 그들은 성 쌓던 일을 중단하였다. 여호와께서 거기서 온 세상의 언어를 혼잡하게 하시고 그들을 사방으로 흩어 버리셨기 때문에 그 곳을 '바벨'이라고 부르게 되었다.
>
> – 창세기 11장 4절~9절

바벨탑은 실현 불가능한 것. 금기시된 것, 부도덕하고 파국적 결과를 가져올 수 있는 위험한 계획이다. 바벨$_{Babel}$은 아카드어 '바빌루$_{Babilu}$'에서 유래한 말로, '신의 문'이라는 의미다. 성경은 바벨이 히브리어로 '혼돈'을 뜻한다고 말한다. 바벨탑이란 도저히 실현 불가능한 야심, 비현실적이고 공상적인 계획을 가리킨다. 창세기에 나오는 바벨탑은 애초에 시도하지 말았어야 할 프로젝트다. 해서는 안 되는 일, 손도 대지 말아야 할 허무맹랑한 계획, 금지된 것이다.

계엄을 선포하고, 포고령을 내리는 일, 군과 경찰, 국정원, 검찰 등을 동원해 국회와 선관위, 주요 언론사 등을 봉쇄하는 것, 단전과 단수, 수거 명단과 체포조를 통해 500명을 수거하려 한 계획은 한국판 바벨탑이다. 국회가 계엄 해제를 의결했는데도 두 번, 세 번 계엄을 선포하려 한 것은 바벨탑을 한 번 쌓은 것도 모자라 두 번, 세 번 쌓으려 한 것이다. 한 번의 배신으로 끝나지 않고 두 번, 세 번의 배신까지 감행하려 한 것이다. 바벨탑이 무너져도 다시 쌓으면 그만이라는 금기 불감증, 배신 불감증이다.

가장 어리석은 왕은 가장 어리석은 군중에 의해 태어난다. 가장 악독한 군주, 가장 폭력적이고 우매한 독재자는 가장 악독한 군중, 폭력적이고 무지한 군중에 의해 권력을 갖는다. 그러므로 모든 종류의 악, 계엄이란 공동체 전체의 작품, 민족의 책임, 곧 나의 책임이다.

- "거봐, 부족하다니까. 1천 명 보냈어야지, 어떡할 거야?"
- "상원아, 이제 더 이상 어떻게 하나…."[65]

  우리는 왜 그릇된 멘탈리티, 거짓말쟁이, 사기꾼, 사악함에 열광하고 이에 투표할까? 우리는 질서가 수호되길 원하는가, 혼돈과 무질서를 원하는가? 어리석은 군중과 일군의 선동가들, 나쁜 정치인들은 언제든 괴물을 만들어 낼 의지와 충동에 이끌리고 이를 선동한다. 주술과 무속, 이기심과 탐욕은 바이러스처럼 우리 주변에 잠복해 있으면서 상시 바벨탑을 쌓도록 부추긴다.

바로 세워지는 질서

> 그러므로 누구든지 나의 이 말을 듣고 행하는 자는 그 집을 반석 위에 지은 지혜로운 사람 같으리니 비가 내리고 창수가 나고 바람이 불어 그 집에 부딪히되 무너지지 아니하나니 이는 주초를 반석 위에 놓은 연고요 나의 이 말을 듣고 행치 아니하는 자는 그 집을 모래 위에 지은 어리석은 사람 같으리니 비가

---

65) 김용현 전 국방장관 곁에 있던 참모들이, 국회의 계엄해제 의결 직후 윤석열, 김용현이 했다는 얘기들을 검찰에 진술한 내용

내리고 창수가 나고 바람이 불어 그 집에 부딪히매 무너져 그 무너짐이 심하니라.

– 마태복음 7장 24~27절

질서는 어지럽고 혼탁한 밑바닥에서부터 시작한다는 이야기는 만고불변의 진리다. '질서'란, 언제나 혼돈에서 출발하는 것이다. 칠흑같은 암흑 속에서 악을 버리고 옳은 것을 선택하는 기나긴 과정만이 굳건한 '질서'를 세운다.

예수 그리스도의 이야기는 질서의 원형이다. 예수 그리스도가 태어나 포에 싸인 채 말구유에 누였고 목수로 자라고 충분한 시간이 흐른 뒤에야 진리를 말하기 시작했다는 이야기는 '질서'의 본성에 관한 것이다. 어떤 완전무결함도 미천하고 무질서하고 나약한 상태에서 시작된다. 질서를 바로 세우기 위해서는 이 어렵고 위험천만하며 기나긴 과정을 버티고 견디고 이겨 내야 한다.

'질서'는 진정한 의미에서의 번영을 가져온다. 모래 위에 지은 집은 쉽게 무너지지만, 반석 위에 지은 집은 홍수와 폭풍 속에서도 무너지지 않는다. 질서란 반석 위에 지은 집,

굳건한 정신 체계, 깨지지 않는 약속이다. 역사는 질서에 관한 영감, 단서를 제공한다. 역사를 통하지 않고는 오늘 우리를 안전하게 하고 공존 속에 번영으로 나아갈 수 있게 인도하는 질서 체계를 이해할 수 없다. 역사를 바로 세운다는 말은 결국 질서를 바로 세우겠다는 담대한 포부와 관련이 있다. 질서를 세운다는 것은 내 안의 음습하고 폭력적인 본능을 제대로 인식하고 이를 나 자신뿐만 아니라 공동체 전체의 안녕을 도모하는 힘으로 전환하겠다는 부활의 의지다. 나의 내면에 잠재하고 웅크리고 있는 부정성을 죽이고, 이를 에너지 삼아 영웅으로 새롭게 태어나겠다는 야망이다. 이러한 부활의 프로세스는 개인의 경우에도, 민족의 경우에도 동일하게 적용된다. 부끄럽고 야만적인 역사를 소각과 망각으로 방치해서는 안 된다. 나와 민족의 의무란 언제나 역사를 제대로 직시하고, 다시 태어나겠다는 소망을 가지는 데 있다. 대학살과 민족 배반, 전쟁과 조작, 보복과 이분법, 적대감은 혼돈의 다른 이름들이다. 이것들을 어두운 창고 속에 감춰 두고 세울 수 있는 질서란 없다. 기억하라는 역사의 명령을 따르고, 영웅을 기리고, 질서의 지배자의 속삭임에 귀를 기울여야 한다. 곧, 민족정신이다.

영웅의 길을 걷자! 영웅은 열매 맺는 자다. 사죄하는 인간이고 관계 맺는 자이며 인격자다. 영혼 없는 전문가, 불감증과 경청 능력이 없는 사악한 기술자, 엘리트가 아니라 자기 앞에 놓인 문제를 해결하고 개선함으로써 악을 죽이고 새로 태어나기를 소망하는 인간이 되자. 이러한 과정은 무너지지 않는 견고하고 아름다운 집을 짓는 것과 같다.

고귀하고 숭고한 질서를 싸워서 지키는 힘

시의 출입문에서 소요가 발생하면 헌병들은 무기를 사용할 수밖에 없었고 그런 소요로 인해 암암리에 동요 분위기 같은 것이 생겼다. 부상자가 생겼을 뿐인데도 시내에는 사망자가 발생했다는 소문이 돌았다. 더위와 공포 때문에 모든 것이 과장되었다. 어쨌든 불만은 계속 늘어갔으며 당국은 최악의 사태를 우려하고 재앙 때문에 억류된 시민들이 폭동을 일으킬 경우에 대비하여 대응조치를 신중하게 검토한 것도 사실이었다. 신문에 포고문이 공표되어, 외출금지령을 거듭 강조하면서 위반하면 징역형에 처한다고 위협하고 있었다. … 최근에는 벼룩을 옮길 가능성이 있는 개와 고양이를 사살하라는 명령이 떨어져서, 임무를 부여받은 특수팀에서 발포하는 소리가 이따금 들려왔다. 그 메마른 총소리 때문에 도시에는 긴장된 분위기가 조성되었다. … 그 여름 하늘 그리고 먼지와 권태에 물들어 창백하게 바래가는 그 거리들은 매일 같이 무겁게 쌓여가는 백여 구의 시체와 마찬가지로 모든 시민들에게 위협적인 의미로 다가왔다. 태양이 끊임없이 작열하면, 졸음과 휴가의 맛이 깃들던 그 시간에도 전처럼 물과 육체의 향연을 즐기기란 불가능했다. 폐쇄된 침묵의 도시에서 그 향연들은 공허한 울림을 발하며 행복한 계절의 구릿빛 광채를 잃어버리고 말았다. 페스트의 태양이 모든 색채를 앗아가고, 모든 기쁨을 사라지게 만들었다.

-『페스트』, 알베르 카뮈, 135~136p

알베르 카뮈의「페스트」에서 '페스트'는 '모든 색채를 앗아 가는 것', '모든 기쁨을 사라지게 만드는 것'이다. 페스트는 '즐기기'를 불가능하게 만든다. 페스트가 점령한 도시에는 시체가 쌓인다. 사살 명령이 떨어지고 금지와 처단이 일상화된다.

알베르 카뮈의 '페스트'와 '계엄'은 본질적으로 같은 것이다. 사살 명령, 금지, 처단은 페스트의 언어이자 동시에 계엄의 언어이다. 페스트와 마찬가지로 계엄도 '앗아 가는 것', '기쁨을 사라지게 만드는 것'이다. 계엄은 '향연'과 '즐기기'를 불가능하게 만든다.

'하루짜리 계엄'이란 말은 군중을 현혹한다. 계엄이 선포된 시간으로부터 계엄 해제 선포 시간까지 약 6시간 동안 대한민국은 계엄 상황, 초유의 암흑천지에 갇혀 있었다. 아무 일도 일어나지 않았으므로 어떤 처벌도 불가하다는 말은 거짓이다. 단언컨대 분별없는 관용은 악의 뿌리다. 계엄은 그 악의 끝을 알 수 없다는 점에서 가장 큰 악이다. 계엄은 모든 악을 전부 합친 것보다 더 큰 악이다.

인간이 생존하는 한, 민족이 공존을 유지하는 한 선과 악의 대립은 피할 수 없는 숙명이다. '공존'은 싸우고 분투하고 감시해 계속 지켜 나가야 하는 것이다. '질서'도 '시스템'도 마찬가지다. 선의 최고치를 가늠할 수 없는 것처럼 악의 최고치도 가늠할 수 없다. 우리의 미래란 늘 잠재된 악의 가능성을 포함한다. 언제 어떠한 '페스트'가, 변형된 형태로 나타나 일상을 초토화시킬지 모른다. 악의 씨앗이 자라 어떤 파국, 어떤 혼돈, 어떤 공멸을 초래할지 아무도 알 수 없다. 우리는 이러한 위기에 맞설 면역력을 되살려야 한다. 늘 숙고 상태에 머물러 있어야 한다.

　김건희 명품 백 몰래카메라에서 볼 수 있듯이 감시는 매우 유용한 수단이다. 김건희에 대한 몰래카메라는 '감시'이자 '테스트'다. 악인은 자기 행동에 대한 검열 의지를 상실한 자다. 악을 찬양하는 사회는 정당한 '감시'와 '테스트'를 저주한다. 악인들은 도리어 '감시'와 '테스트'를 악마화한다. 이들은 '감시'와 '테스트'가 없는 곳, 권력 없는 장소, 곧 정글을 구축하려 든다. 질서를 올바로 유지하는 데 필요한 최소한의 안전장치는 만인에게 이익이 된다. ─ 권력자는 은밀하게 즉흥적으로 행해지는 몰래 테스트에 걸려들지 않기 위해 자기 행동을 검열할 수밖에 없기 때문이다. 이는 잠재적 악당의 파괴적 모의, 민족을 파국으로 이끌 악한 행동을 저지한다.

　악은 자기 자신을 먹어 치운다. 계엄은 총을 들고 자기 자신(민족)을 공격하는 자해 행위다. 이러한 배신행위는 온갖 법률을 통틀어서 가장 죄질이 무거운 중범죄다. "이렇게 빨리 해방이 올지 몰랐다." 악인들은 믿음 없는 자들이다. 그들은 소망을 의심하고 어둠이 계속되기를 염원한다. 그들은 지옥 속에서 혼자 살아남기를 바라는 악마다. 계엄을 선포한 이들 역시 믿음 없는 자들이다. 이들은 타인을 의심하고 제거하는 데 병적으로 집착한다. 선을 행하고 올바른 질서를 구축하는 길은 믿음 없이는 결코 내디딜 수 없다. 비참과 참담을 끝내고 평온을 되찾을 수 있다는 희망이 필요한 이유다.

• 지금 대한민국의 주적은 김정은보다 이재명이다.[66]

계엄은 자기 결정으로는 결코 사죄할 수 없는 자, 방조자들, 관계 맺고 열매 맺는 능력을 상실한 자들이 만들어 낸 파국이다. 할 수 있는 일이라곤 오직 증오뿐인 이는 '정치 불능자'다. 편집성 성격장애, 확증 편향, 피해망상, 수치심에 사로잡힌 자는 '공존 불능자', '협력 불능자'다. 이들은 공동체가 머무는 집을 '정치 없는' 장소, '권력 없는' 장소로 만든다. 이들은 마침내 폐허, 사막, 공동묘지를 구축하려 드는 허깨비들이다.

---

66) 박정훈 국민의힘 의원 SNS, 2025. 3. 31.

가장 짙은 어둠 속에서는 영웅의 길을 따라가야 한다. 영웅을 모방하려는 의지가 우릴 뒤덮은 암흑을 걷어 내고 한 줄기 빛으로 인도하는 길이다. 선은 싸우고 분투해 지켜 내는 것이다. 숭고하고 아름다우며 고귀한 것은 사탄의 유혹을 이겨 내고 악의 속삭임에 현혹되지 않을 때에만 보존된다.

역사란 '집 짓기 게임' 같은 것이다. 집이 무너졌다면 침묵 속에서 오류와 원인을 찾아야 한다. 무엇보다 집을 무너뜨린 자가 다시 집을 짓겠다고 나서는 일을 관용해서는 안 된다. 이는 부도덕과 무능력을 방치하는 일이다. 잔해 위에서 악을 걷어 내고 목표를 제고하고 질서 재건에 나서야 한다. 계엄의 기원, 내란의 기원, 악의 기원을 정면으로 응시한 채로 이것들과 맞서 싸우고 우리가 사는 곳을 천국으로 만들겠다는 야망을 가져야 한다. 이것이야말로, 악의 세력을, 밀정을, 독재자를 퇴치하고 즉시 진압할 수 있는 진정한 해독제다.